LE DONJON
DE VINCENNES,
LA
BASTILLE ET BICETRE;
OU

MÉMOIRE de M. MASERS DE LATUDE, Gentilhomme Languedocien, détenu dans les Prisons d'État pendant 39 ans; avec la LETTRE du Marquis de BEAUPOIL à M. DE BERGASSE, sur l'Histoire de M. DE LATUDE & sur les Ordres Arbitraires.

1787.

AVIS
DE L'ÉDITEUR.

EN Eſpagne on eſt familiariſé avec l'Inquiſition ; en Turquie les Lacets & les Muets ne paroiſſent que des choſes fort ſimples ; en France on eſt un peu moins tranquille ſur les lettres-de-cachet, qui véritablement, font plus de ravage dans une année, que l'Inquiſition, les Lacets & les Muets n'en font dans dix ans. Il eſt auſſi humiliant qu'étonnant, que dans un pays, qui eſt la patrie des ſciences, des talens & de la philoſophie ; dans un Royaume où chaque ville a ſes Académies ; c'eſt-à-dire, ſa ſociété de Philoſophes ; il eſt bien ſurprenant, dis-je, que tous les efforts de la raiſon ne ſoient pas employés, ſans relâche, à combattre un fléau auſſi funeſte.

L'hiſtoire de M. de Latude eſt peut-être le meilleur ouvrage que l'on ait pu faire pour éclairer la nation & les perſonnes qui la gouvernent, ſur l'inutile atrocité des châtimens arbitraires. On eſt bien perſuadé, d'après les principes qui paroiſſent être ceux de cet honnête homme, qu'il ne déſapprouvera pas que l'on publie ſon manuſcrit, & qu'il trouvera quelque consolation dans l'idée que le tableau de ses infortunes pourra devenir utile à ses concitoyens.

On n'a pas jugé devoir châtier les incorrections du style de ce manuscrit, qui ne nuisent en rien au ton si intéressant de vérité & de simplicité avec lequel il est écrit.

LE DONJON DE VINCENNES, LA BASTILLE ET BICETRE.

PREMIERE PARTIE.

JE regarde comme une faveur du ciel la possibilité où je suis de mettre au jour ces mémoires, & quelques détails sur mes longues souffrances : ce terrible événement est un fait de plus dans l'histoire des calamités humaines, & il peut être utile & instructif sous divers rapports.

Je n'ai besoin, pour intéresser en ma faveur, que d'apprendre aux personnes qui daignent jetter un coup-d'œil sur ces mémoires, que j'ai gémi trente-quatre ans dans les prisons.

Mais, le dirai-je, en implorant la compaſſion des hommes, j'ai peine, en vérité, à me croire leur ſemblable; le tems où j'ai vécu parmi eux eſt ſi éloigné; il eſt ſi incertain d'ailleurs, que je reparoiſſe jamais dans la ſociété, & j'ai enduré des peines ſi cruelles & ſi extraordinaires, que pour me perſuader que je tiens encore à l'humanité, il faudroit que tout changeât autour de moi; car ma ſituation eſt telle, que mon ame ayant perdu toute idée de bonheur, ne croit plus qu'aux maux déchirans qu'elle ne ceſſe d'éprouver encore.

Je naquis en 1725, à Montagnac en Languedoc, dioceſe d'Agde: mon nom eſt *Henri Maſers de Latude*, mon pere, chevalier de l'ordre royal & militaire de Saint-Louis, & lieutenant-colonel du régiment de dragons d'Orléans, fut fait, en 1733, lieutenant-de-roi à Sedan. Je touchois à peine à ma vingt-troiſieme année, que mon pere, cherchant à perfectionner mon éducation, & à favoriſer les diſpoſitions que je montrois pour l'étude des mathématiques, m'envoya à Paris en 1749, dans l'intention de me faire cultiver cette ſcience.

A cette époque, madame de Pompadour étoit devenue la favorite du roi Louis XV; elle fixoit l'attention de tout le public: elle paſſoit pour avoir de l'eſprit, de la beauté ; elle aimoit les talens ; & intéressoit par-là beaucoup de gens; mais les personnes austeres désapprouvoient sa conduite , la condamnoient hautement , & annonçoient que le mauvais exemple attireroit les plus grands maux sur la France. Enfin , l'esprit de parti , le fanatisme même s'en mêloient , on souhaitoit même sa mort.

J'étois jeune , j'avois les idées vives , & je ne sais pourquoi cette femme m'intéressoit singuliérement , peut-être étoit-ce parce que je la voyois à la veille d'être persécutée.

Dans cette circonstance , le hasard m'ayant fait rencontrer de jeunes étourdis, qui disoient qu'on se débarrasseroit un jour de cette sang-sue , dût-on employer des moyens extrêmes , & ayant appris qu'elle craignoit d'être empoisonnée , & que cette idée troubloit son repos , mon intérêt pour elle redoubla au point que je résolus de lui être utile , & de me rendre intéressant auprès d'elle. Je conçus le projet le plus étourdi , le plus inconséquent & le plus mal vu , je me dirigeai en un mot comme un enfant , qui ne sent la conséquence de rien. Je pris mal-adroitement la voie la plus propre à me rendre odieux à ses yeux , & je fis a jamais mon malheur.

Je me rendis à Verſailles auprès d'elle pour la prévenir que j'avois vu mettre à la poſte une boëte pour elle ; je lui communiquai mes plaintes ſur cet envoi, en la prévenant de ſe tenir ſur ſes gardes ; que j'étois véritablement inquiet ſur ſon ſort, d'après les propos que j'entendois, & que je me croyois trop heureux de pouvoir lui donner un avis auſſi important. Elle parut touchée de mon attention, & après m'avoir témoigné combien elle étoit ſenſible à ma démarche, elle m'offrit ſes ſervices.

La boëte arriva, car c'étoit moi qui l'avois miſe à la poſte : elle étoit pleine d'une poudre qui n'avoit abſolument aucun effet nuiſible. Mais en réfléchiſſant ſur mes bons avis, on imagina de faire des expériences de cette poudre ſur des animaux ; voyant qu'il n'en réſultoit aucun mal, la marquiſe de Pompadour pénétra bientôt mon ſtratagême, elle s'en plaignit, & je fus mis à la Baſtille le premier mai 1749.

Dès le mois de ſeptembre ſuivant, je fus transféré au donjon de Vincennes. M. Berryer, alors lieutenant-général de police, avoit beaucoup de bonté pour moi. Il m'avoit donné la meilleure chambre du donjon; deux heures de promenade par jour dans l'un des deux jardins qu'il y a dans l'enclos. La fenêtre de ma chambre donnoit

ſur

ſur le Gouvernement, & celle du cabinet ſur Paris. Sous cette fenêtre préciſément, je voyois tout ce qui ſe paſſoit dans l'autre jardin du donjon, qu'on avoit donné à un curé janſéniſte. Ce curé avoit beaucoup de liberté : la veuve du défunt lieutenant de roi, madame de Saint-Sauveur, avec un de ſes fils abbé, & qui eſt aujourd'hui chantre de la ſainte chapelle de Vincennes, venoient le voir tous les jours. Ce curé apprenoit à lire & à écrire au fils du maître-d'hôtel de M. le marquis du Châtelet, & à celui d'un porte-clef. Le plus âgé de ces jeunes gens n'avoit pas ſeize ans ; ils ſe divertiſſoient dans le petit jardin. J'étois fort alerte, & j'avois l'eſprit très-préſent ; rien ne m'échappoit : l'air d'aiſance & de liberté de ces jeunes gens me faiſoit mal au cœur ; mais toutes leurs allées & venues, leurs courſes, me firent concevoir le projet de m'évader. Comme je l'ai dit, M. Berryer avoit ordonné de me faire promener deux heures dans le jardin : il avoit deux porte-clefs, & à deux heures préciſes, le plus âgé entroit dans le jardin pour m'attendre, & le plus jeune venoit m'ouvrir la porte pour deſcendre. Mon projet conçu pendant un certain nombre de jours, je deſcendois plus vîte que le porte-clef ; & en arrivant dans le jardin, il me trouvoit auprès de son camarade : & tous les jours j'augmentois de vîtesse par degré. Après l'avoir bien accoutumé à ce petit manége, le 25 juin 1750, j'effectuai mon projet de la maniere suivante :

A peine le porte-clef m'eût-il ouvert, que je volai le long des degrés, & je fermai la porte du bas de l'escalier, tant pour empêcher que son camarade ne l'entendît sitôt crier, que pour gagner quelque tems; & je vais frapper hardiment à la porte de sortie, où une sentinelle est postée dehors. Elle ouvre, &, sans lui donner le tems de me parler, je lui dis; „ Morbleu, voilà plus de deux heures que M. „ le curé attend l'abbé de Saint-Sauveur; „ avez-vous vu passer ce fichu drôle? y a-t-il „ long-tems qu'il est sorti? je vais le cher„ cher, mais il me paiera ma course. “ Et en disant ces paroles, je marchois toujours en dehors : je traverse ainsi la voûte qui est au-dessous de l'horloge. Là, je trouve une seconde sentinelle; je lui fais la même question : le soldat me répond qu'il n'en sait rien, & me laisse passer. Je demande au troisieme, qui étoit de l'autre côté du pont-levis, s'il n'avoit pas vu passer l'abbé de Saint-Sauveur? Il me répond que non; & en marchant toujours, je lui dis : » Oh ! je l'aurai bientôt trouvé. « J'étois jeune & ſans barbe ; à quatre pas de cette derniere ſentinelle, je me mis à ſautiller comme un jeune écolier ; & à cinquante, je pris ma courſe, & paſſai devant le quatrieme factionnaire, ſans qu'il me ſoupçonnât ſeulement d'être priſonnier. Dans le tems que je courois, il ſe paſſoit une autre ſcene au donjon ; (à ce que j'ai appris depuis :) le porte-clef enfermé frappoit à la porte, & crioit comme un diable; ſon camarade du jardin fut le premier qui lui ouvrit : ils ſe demanderent tous deux à la fois : Où eſt le priſonnier ? Celui que j'avois enfermé dit : que c'étoit moi, ſans doute, qui l'avoit enfermé ; (il ne ſe trompoit pas) : l'autre lui répond, qu'il ne m'avoit point vu. Ils vont tous les deux frapper à la porte extérieure, & demander à la ſentinelle ſi elle n'avoit point vu le priſonnier qu'ils venoient de faire deſcendre pour le promener ? Celui-ci, qui n'y entendoit pas fineſſe, leur répondit : » Je parie double contre ſimple, que c'eſt » lui qui vient de ſortir tout-à-l'heure. — » Mais il falloit l'arrêter, & ne pas le » laiſſer paſſer. — Oh ! je ne ſavois pas » que ce jeune monſieur fût priſonnier ; il » m'a dit qu'il alloit chercher M. l'abbé » de Saint-Sauveur : à ma place, ſi vous

» ne l'eussiez pas connu, vous l'auriez » laissé sortir de même. « On m'a laissé ignorer la réponse des autres, mais à ces deux dernieres, on ne pouvoit guere leur faire des reproches.

Six jours après cette évasion, ne me sentant coupable que d'imprudence, je me livrai moi-même, par l'entremise du médecin ordinaire du roi Louis XV, comme un agneau entre les mains paternelles de sa majesté, espérant qu'on n'abuseroit pas de la confiance & de la bonne foi d'un innocent. Néanmoins on me conduisit à la Bastille : M. Berryer vint m'interroger. Cet aimable magistrat me dit : » Que l'on étoit fort con- » tent de la confiance que j'avois eue dans » la clémence du roi : que bientôt je ressen- » tirois les effets de l'idée que j'avois eue » de la bonté de son cœur : que si l'on m'a- » voit fait arrêter & conduire à la Bastille, » ce n'étoit uniquement que pour savoir la » maniere dont j'avois échappé du donjon » de Vincennes, parce qu'on y mettoit » des prisonniers de grande conséquence, » & qu'on vouloit savoir si les personnes à » qui l'on en avoit confié la garde étoient » des personnes fidelles à sa majesté ; qu'il » exigeoit de moi un aveu sincere, & que » j'aurois lieu d'être satisfait. «

Si quelqu'un m'eût rendu une main secourable, j'aurois mieux aimé me laiſſer arracher les entrailles que de la payer d'ingratitude ; mais comme mon évaſion n'étoit due qu'à mon induſtrie, je lui fis tout ingénuement le même récit que je viens de rapporter, & monſieur Berryer ne put s'empêcher de rire de la maniere dont je m'y étois pris pour enfermer mon porte-clef, & en impoſer aux ſentinelles. Bien convaincu que tout ce que je venois de lui dire étoit véritable, il me demanda avec cette bonté qui lui étoit naturelle : „ Vous ai-je laiſſé manquer de quelque „ choſe ? n'ai-je pas eu bien ſoin de „ vous ? répondez : avez-vous à vous plain- „ dre de moi ?.... Quand je ſerai dehors, „ lui répliquai-je, je ne dirai point que „ j'ai eu affaire à un juge dans la per- „ ſonne de monſieur Berryer, mais à un „ pere, qui, par ſa douceur, ſes ſages „ remontrances, & ſes bienfaits, m'a „ rendu mille fois plus repentant qu'un „ juge ſévere qui m'auroit maltraité. A „ ces paroles il me dit : « Je ne puis vous „ rendre votre liberté, que je n'aie parlé „ à madame la marquiſe ; mais ſoyez tran- „ quille, en peu de jours elle vous ſera „ rendue. „

Mais madame la marquiſe de Pompadour fut piquée de ce que j'avois eu plus de confiance dans la bonté du roi que dans la sienne : & malgré le zele & l'humanité de monsieur Berryer, elle me fit mettre pendant dix-huit mois dans un cachot. Ce fut après ce laps de tems que monsieur Berryer m'en tira, & me mit dans une chambre ordinaire en compagnie avec un autre prisonnier nommé Dalegre, & détenu, comme moi, par la marquise. J'écrivis lettre sur lettre à monsieur Berryer, en le priant de s'occuper de mon élargissement. Mes importunés l'obligerent de venir à la Bastille, & me faisant descendre à la salle, il me dit : „ Vous avez „ tort de me croire un cœur insensible : je „ sens tous vos maux, & si j'avois été le „ maître de votre sort, il y a long-tems „ que vous seriez libre ; mais vous avez „ affaire à une femme qui a en main le „ pouvoir souverain. Demandez-moi des „ adoucissemens, je ne vous refuserai rien „ de tout ce qu'on peut accorder à un „ prisonnier ; voilà tout ce que je puis „ faire pour vous, en vous assurant que „ s'il y a du changement, non-seulement „ vous serez le premier à qui je rendrai „ la liberté, mais même ni votre tems ni „ votre peine ne seront perdus, &c. „ L'on avoit annoncé depuis long-tems à mon compagnon qu'il devoit attendre avec patience la diſgrace de la marquiſe.

Quand on eſt dans la peine, les jours paroiſſent plus longs que des années; & le malheur des infortunés c'eſt qu'ils mettent toujours les choſes au pis : nous connoiſſions l'aſcendant que la marquiſe avoit ſur l'eſprit du roi, & nous ne manquions pas de dire : ſi cette femme reſte encore quatre, ſix, dix, quinze ans à la cour, hélas! nous paſſerons toute notre jeuneſſe dans la captivité, & nous périrons ici. Voyons ſi nous ne pourrions pas nous évader. Mais en jettant les yeux ſur les murs de la Baſtille, qui ont plus d'une toiſe d'épaiſſeur; quatre grilles de fer aux fenêtres, & autant dans la cheminée; & en conſidérant par combien de gens armés cette priſon eſt gardée; la hauteur des murs & des foſſés ſouvent pleins d'eau; il ſembloit moralement impoſſible à deux priſonniers, enfermés dans une chambre, privés de toute ſorte de ſecours humains, de pouvoir échapper : & monſieur de la Borde, ce fameux banquier, avec tout ſon tréſor, ne viendroit pas à bout de corrompre les officiers; jugez donc ce que de ſimples paroles auroient pu faire ſur eux. Cependant avec un peu de génie, je vais vous faire voir qu'on peut venir à bout de tout.

Nous étions deux dans une chambre, & à la Baſtille on ne donne ni ciſeaux, ni couteaux, ni aucun autre inſtrument tranchant, & pour cent louis votre porte-clef (c'eſt-à-dire le garçon qui vous apporte à manger) ne vous donneroit pas un quarteron de fil ; & bien calculé il falloit quatorze cents pieds de corde ; il falloit deux échelles, une de bois de vingt à vingt-cinq pieds, & une de cent quatre-vingts. Il falloit arracher pluſieurs grilles de fer dans la cheminée, & percer dans une ſeule nuit un mur de pluſieurs pieds d'épaiſſeur, à la diſtance de douze à quinze pied d'une ſentinelle. Il falloit créer & faire tout ce que je viens de dire pour échapper, & nous n'avions que nos deux mains. Ce n'étoit pas encore là tout ; il falloit cacher l'échelle de bois & celle de corde avec deux cents cinquante échelons d'un pied de long, & d'un pouce d'épaiſſeur, ainſi que beaucoup de choſes prohibées dans la chambre d'un priſonnier ; & les officiers, accompagnés du porte-clef, venoient nous faire viſiter & fouiller pluſieurs fois par ſemaine : cependant j'étois ſans ceſſe occupé de ce projet, j'en avois parlé pluſieurs fois à mon compagnon, qui avoit beaucoup d'eſprit ; mais il me répondoit toujours que la choſe étoit impoſſible.

possible. Ses raisons, au lieu de me rebuter, ne faisoient qu'animer de plus en plus mon courage.

Il faut avoir été prisonnier à la Bastille pour savoir comme on est traité dans cette prison. Imaginez-vous que vous passerez dix ans dans une chambre sans voir ni parler au prisonnier qui est au-dessus de vous. On y a mis plusieurs fois le mari, la femme, & plusieurs enfans ; ils y ont tous restés nombre d'années, sans savoir qu'aucun de leurs parens y fût. On ne vous apprend jamais aucune nouvelle : que le roi meurt, qu'il y ait du changement dans le ministere, on ne vous instruit jamais de rien ; & les officiers, le chirurgien, les porte-clefs, ne vous disent que : bon jour, bon soir ; avez-vous besoin de quelque chose ? & voilà tout.

Il y a une chapelle où tous les jours on dit une messe, & les fêtes & dimanches trois. Dans cette chapelle il y a cinq petits cabinets. On y met le prisonnier à qui le magistrat accorde la permission d'entendre la messe ; on le retire après l'élévation ; de sorte que jamais aucun prêtre n'a vu le visage d'un prisonnier ; & ceux-ci ne voient que le dos du prêtre. M. Berryer avoit eu la bonté de m'accorder la permission d'entendre la messe les dimanches & les mercredis, ainſi qu'à mon compagnon.

Il avoit donné la même permiſſion au priſonnier qui étoit au-deſſus de nous, c'eſt à-dire, au numéro trois de la tour nommée la Comté, qui eſt la premiere à droite en entrant dans la Baſtille. J'avois remarqué que ce priſonnier ne faiſoit jamais aucun bruit; ne remuoit ni ſa chaiſe, ni ſa table; ne touſſoit même pas, &c. Il alloit à la meſſe comme nous, deſcendoit le premier, & remontoit après nous. L'eſprit toujours préoccupé de mon projet d'évaſion, je dis à mon confrere que j'avois envie de voir ſa chambre au retour de la meſſe, & je le priai de m'en faciliter l'occaſion, en mettant ſon étui dans ſon mouchoir; & que lorſque nous ſerions à la hauteur du ſecond, de faire enſorte en tirant ſon mouchoir, que l'étui tombât le long des degrés, & le plus loin poſſible, & qu'il diroit au porte-clef qui nous ſuivoit ordinairement de l'aller ramaſſer. Ce qui fut dit, fut fait. Moi qui étoit devant, je monte vîte; je tire le verrou, & ouvre la porte du numéro trois. J'examine la hauteur du plancher, & remarque qu'il n'avoit pas plus de neuf à dix pieds de haut: je referme la porte; j'ai le tems de meſurer la hauteur d'une, deux, & trois marches de l'eſcalier;

je les compte depuis cette chambre, jusqu'à la nôtre; & ce calcul fait, je trouve une différence de cinq pieds environ. Comme le plancher n'étoit point une voûte de pierre, je tirai aisément la conséquence, qu'il ne pouvoit pas être de cinq pieds d'épaisseur, & je conclus qu'il étoit double.

Alors je dis à mon confrere : „ Ne vous „ désespérez point; avec un peu de patience „ & de courage, je vous promets que nous „ échapperons d'ici. Tenez, voici mon „ calcul, en lui présentant mon papier: il „ y a un tambour entre la troisieme cham- „ bre & la nôtre. " -- Sans vouloir regarder ce papier, il me dit: „ Eh quand il y „ auroit tous les tambours des gardes fran- „ çaises, comment voulez-vous que tous „ ces tambours puissent nous faire évader ? „ --- Il n'est pas besoin de tous les tam- „ bours des gardes, mais s'il est vrai, „ comme je crois, qu'il y ait deux plan- „ chers entre le troisieme & le quatrieme, „ pour cacher mes cordes & tous les au- „ tres matériaux dont nous avons besoin, „ je vous réponds que nous parviendrons à „ échapper. --- Mais pour pouvoir cacher „ nos cordes, il faut en avoir, & qui plus „ est, il nous est impossible d'en avoir seu- „ lement dix pieds. --- Pour ces cordes, „ lui dis-je, n'en soyez point en peine; car

» dans la malle de ma chaiſe de poſte ;
» que voilà devant vous, il y en a plus de
» 1000 pieds dedans. « --- Il me regarde
fixement, puis il me dit : » Mais je crois,
» par ma foi, qu'aujourd'hui vous avez
» perdu l'eſprit ?..... Je ſais auſſi bien que
» vous tout ce qui exiſte dans votre malle
» & dans votre porte-manteau ; je ſais
» qu'il n'y a pas un pied de corde ; & vous
» me dites qu'il y en a plus de 1000. —
» Oui, lui dis-je, dans cette malle, il y a
» douze douzaines de chemiſes, ſix dou-
» zaines de paires de bas de ſoie, douze
» douzaines de paires de chauſſettes de fil,
» cinq douzaines de calleçons, ſix douzaines
» de ſerviettes. Or, en défilant mes chemiſes,
» mes bas, mes chauſſettes, mes ſerviet-
» tes, mes calleçons, avec cela nous au-
» rons de quoi faire plus de 1000 pieds de
» corde. — Cela eſt vrai, dit-il ; mais, avec
» quoi pourrons-nous arracher ces barres
» de fer qui ſont dans notre cheminée ?
» car avec rien, il nous eſt impoſſible de
» faire quelque choſe : & nous n'avons que
» nos mains, nous ne pouvons pas créer
» des outils, pour venir à bout d'un auſſi
» grand ouvrage. — Je lui dis : Mon ami,
» la main eſt l'inſtrument de tous les inſ-
» trumens ; c'eſt elle qui les forme tous,
» & les hommes qui ſavent faire travailler

„ leur tête, trouvent toutes ſortes de reſ-
„ ſources. Voyez, continuai-je, ces deux
„ fiches de fer qui ſoutiennent notre table
„ pliante; je leur ferai un manche à cha-
„ cune; je leur ferai un taillant, en les
„ repaſſant ſur un carreau de notre cham-
„ bre: nous avons un briquet; en le caſſant
„ de telle maniere, en moins de deux heu-
„ res, j'en ferai un bon canif pour faire
„ ces manches; & ce canif nous ſervira à
„ mille autres beſoins: ainſi, avec ces
„ deux fiches, je vous réponds ſur ma tête
„ que nous viendrons à bout d'arracher tou-
„ tes ces barres de fer. "

Toute la journée nous en conférâmes, &, dès l'inſtant que nous eûmes ſoupé, nous arrachâmes une fiche de fer de notre table; & avec elle nous levâmes un carreau de notre chambre, & nous nous mîmes à creuſer, de maniere qu'en ſix heures de tems nous l'eûmes percé: & à notre ſatisfaction, nous trouvâmes qu'il y avoit deux planchers à trois pieds de diſtance l'un de l'autre. Dès cet inſtant, nous regardâmes notre évaſion comme certaine. Nous remîmes le carreau, qui ne paroiſſoit point avoir été enlevé. Le lendemain je caſſai notre briquet, & j'en fis un canif ou petit couteau, & avec cet inſtrument, nous fîmes des manches aux deux fiches de notre table. Nous y donnâmes un taillant à chacune : après, nous défilâmes deux de nos chemiſes, c'eſt-à-dire, qu'après les avoir découſues & les ourlets auſſi, nous tirâmes un fil après l'autre. Nous nouâmes ces filets, nous en fîmes un certain nombre de pelotons d'une longueur égale & déterminée : tous ces pelotons étant finis, nous les partageâmes en deux, & ils devinrent deux groſſes pelottes. Il y avoit cinquante filets à chacune de ſoixante pieds de long : & enſuite nous les treſſâmes, ce qui nous fit une corde qui avoit cinquante-cinq pieds environ de long : &, avec le bois qu'on nous portoit pour nous chauffer, nous fîmes vingt échelons ; & avec cette corde, nous en fîmes une échelle de vingt pieds de long. Enſuite nous commençâmes par l'ouvrage le plus difficile, c'eſt-à-dire, par arracher les barres de fer de la cheminée. Pour cet effet, nous attachâmes notre échelle de corde avec un poids à un bout de ces barres de fer : elle s'y entortilla aiſément, & par le moyen des échelons, nous nous ſoutenions en l'air dans le tems que nous dégradions ces barres de fer. En moins de ſix mois nous vînmes à bout de les arracher toutes ; & nous les reposâmes en place, de maniere à pouvoir les ôter au beſoin, dans le moment que nous voudrions. Cet ouvrage nous coûta bien de la peine, mon Dieu ! jamais nous ne deſcendions ſans avoir les mains toutes enſanglantées ; & nos corps étoient dans une ſituation ſi pénible, dans cette cheminée, nous étoit impoſſible de travailler une heure entiere ſans nous relever.

Cet ouvrage fini, il nous falloit une échelle de bois de vingt pieds, pour remonter du foſſé ſur le parapet, où les ſoldats de garde ſont poſtés, & de-là entrer dans le jardin du gouvernement, Tous les jours on nous donnoit pluſieurs morceaux de bois pour nous chauffer, ils avoient dix-huit à vingt pouces de longueur. Il nous falloit enſuite des moufles & beaucoup d'autres choſes ; nos deux fiches n'étoient pas propres pour ces ouvrages, & encore bien moins pour ſcier des bûches. En moins de ſix heures de tems, d'un chandelier de fer que nous avions, j'en eus fait, avec l'autre morceau du briquet, une excellente ſcie, avec laquelle, en moins d'un quart-d'heure, je me ſerois vanté de couper en deux une bûche groſſe comme la cuiſſe. Avec le canif, la fiche, & cette ſcie, nous parvînmes à dégroſſir ces bûches, à les polir, à y faire aux deux bouts des eſpeces de charnieres ou mortaiſes, & des tenons, pour qu'elles puſſent s'engencer les unes dans les autres avec deux trous, dont l'un recevoit un échelon & l'autre une cheville, qui les empêchât de vaciller ; & à meſure que nous avions perfectionné un morceau de notre échelle nous le cachions entre les deux planchers.

C'eſt avec ces outils que nous fîmes un compas, une équerre, un dévidoir, des moufles, des échelons, &c. &c.

Comme dans la journée les officiers ou porte-clefs entroient ſouvent dans notre chambre au moment que nous nous y attendions le moins, il nous falloit cacher non-ſeulement nos uſtenciles, mais encore les plus petits copeaux ou débris que nous faiſions, & dont le plus petit nous eût décelés. Nous avions auſſi donné un autre nom à toutes ces choſes : par exemple, nous appellions la ſcie *Faune*, le dévidoir, *Anubis*, les fiches de fer, *Tubalkain* ; le tambour, *Polyphême*, par alluſion à cet autre de la fable ; l'échelle de bois, *Jacob* ; les échelons, *rejettons* ; une corde, une *Colombe*, &c. &c. & quand quelqu'un entroit le plus éloigné diſoit au plus proche : Tubalkain, Faune, Anubis, Colombe, &c. & l'autre, qui entendoit ce que cela vouloit dire, jettoit deſſus ſon mouchoir

ou

ou une ſerviette ; en un mot , il faiſoit diſparoître ce qui devoit être caché : nous étions ſans ceſſe ſur nos gardes.

L'échelle de bois que nous fîmes n'avoit qu'un bras , & vingt pieds de long, dans lequel étoient paſſés vingt échelons de quinze pouces de long , qui dépaſſoient ce bras par conſéquent de ſix pouces de chaque côté ; & à chaque morceau de ce bras , nous avions attaché ſon échelon & ſa cheville avec une fichelle ; de ſorte qu'il n'étoit pas poſſible de ſe tromper en la montant dans la nuit. Quand cette échelle fut finie & miſe à l'eſſai , nous la cachâmes dans Poliphême , c'eſt-à-dire , entre les deux planchers ; enſuite nous travaillâmes à faire les cordes de la grande échelle, qui devoit avoir cent quatre-vingts pieds de longueur. Nous défilâmes nos chemiſes , nos ſerviettes , nos chauſſettes , nos calleçons , nos bas de ſoie , enfin , tout y paſſa. A meſure que nous avions fait un peloton , d'une longueur décidée , nous le cachions , pour n'être pas ſurpris , dans Polyphême : & quand nous eûmes fini le nombre ſuffiſant , en une nuit nous treſsâmes cette belle corde. Elle étoit blanche comme la neige ; & j'oſe dire qu'un cordier ne l'auroit pas mieux faite.

Tout autour de la Baſtille , il y a un

entablement qui déborde, en dehors, de trois à quatre pieds. Nous ne doutions pas qu'à chaque échelon que nous descendrions, cette échelle ne flottât de côté & d'autre; & ce sont des instants, où la tête la mieux organisée peut manquer; pour prévenir qu'aucun de nous deux ne s'écrasât s'il tomboit, nous fîmes une seconde corde de trois cents-soixante pieds de long, ou de deux fois la hauteur des tours. Cette corde devoit être passée dans une moufle que nous avions fait, c'est-à-dire, une espece de poulie sans roue, pour éviter qu'elle ne pût s'engrener entr'elle & ses côtés; & de cette maniere, chacun de nous deux, soit du haut, soit du bas des tours, pouvoit, par le moyen de cette corde, soutenir en l'air son camarade, & l'empêcher de descendre plus vîte qu'il n'auroit voulu, si ce malheur lui arrivoit. Après ces deux cordes, nous en fîmes encore quelques autres de moindre longueur, pour attacher notre échelle de corde, notre moufle à une piece de canon, & autres besoins imprévus.

Quand toutes ces cordes furent faites, nous les mesurâmes : il y en avoit quatorze cents pieds. Nous eûmes encore à faire deux cents échelons pour la grande échelle & l'échelle de bois; & pour empêcher que les échelons de l'échelle de corde ne fiſſent du bruit quand nous les deſcendrions, en flottant le long de la muraille, nous les revêtîmes de la doublure de nos robes de chambre, de nos gilets, &c. Nous travaillâmes près de dix-huit mois, nuit & jour, à faire tous ces matériaux.

Vous venez de voir tout ce qu'il falloit pour monter par notre cheminée ſur la platte-forme de la Baſtille, en deſcendre dans le foſſé, remonter enſuite ſur le parapet, & entrer dans le jardin du gouvernement; & de ce jardin, redeſcendre encore, par le moyen de notre échelle de bois, ou d'une autre, dans le grand foſſé de la porte Saint-Antoine, lieu où nous devions être en liberté. Il nous falloit encore de plus une nuit obſcure, orageuſe; mais nous avions un malheur terrible à craindre : il pouvoit pleuvoir depuis cinq heures du ſoir, juſqu'à neuf & dix, & puis le tems ſe mettre au beau. Alors toutes les ſentinelles ſe promenant autour de la Baſtille, c'eſt-à-dire, d'un poſte à l'autre, dans un pareil cas, toutes nos peines & matériaux, non-ſeulement étoient perdus; mais pour rendre l'aventure plus touchante, au lieu de nous conſoler, on nous auroit mis au cachot; & pendant tout le tems que la marquiſe auroit été en faveur, on nous eût resserrés d'une étrange maniere. Cette appréhension nous inquiétoit beaucoup, mais à force d'y penser je trouvai le moyen de l'applanir. Je fis concevoir à Dalegre, mon compagnon d'infortunes, que depuis que cette muraille étoit bâtie, la Seine avoit débordé au moins de plus de trois cents fois; que l'eau avoit dû dissoudre les sels que contient le mortier ou le plâtre au moins d'une ligne chaque fois; par conséquent, qu'il nous seroit facile d'y faire un trou pour sortir avec moins de risque. » Que nous viendrions à bout d'a-» voir une vrille, en arrachant une fiche » de nos lits, à laquelle nous ajusterions » un bon manche en croix; & avec la-» quelle nous ferions quelques trous dans » la jointure des pierres, pour y engrener » nos barres de fer, par elles, entre » nous deux, nous ferons un effort de » plus de cent quintaux avec la force du » levier; & par conséquent, nous vien-» drons très-aisément à bout de percer » ce mur, qui fait la séparation du fossé » de la Bastille d'avec celui de la porte » Saint-Antoine. Il y aura un million de fois » moins de risques à sortir par-là qu'à re-» monter sur le parapet, & passer sous la » barbe des sentinelles, &c. Dalegre en » convint, & me dit: qu'au surplus, si ce

» percement devenoit trop difficile, il y » auroit encore moins de risque à l'escalader dans quelque coin, comme nous » projettions ci-devant d'escalader le parapet, extrémité d'ailleurs à laquelle » nous pourrions toujours revenir, si nous » rencontrions dans ces expédiens, des » obstacles trop insurmontables. « En conséquence, nous fîmes des fourreaux à ces deux barres de fer : nous tirâmes la fiche, & nous en fîmes une vrille ; en un mot, quand tout notre appareil fut achevé, quoique la riviere eût débordé, & qu'il y eût trois à quatre pieds d'eau dans chacun des deux fossés, nous résolûmes de partir le lendemain, 25 février 1756, veille du jeudi gras.

En outre de ma malle j'avois un grand porte-manteau de cuir, ne doutant pas que toutes les hardes que nous avions sur le corps ne fussent mouillées, obligés de traverser l'eau, & d'y travailler ; nous mîmes dans ce porte-manteau un habillement complet, sans oublier chapeaux, bas, souliers, & en outre, tout ce qui nous restoit de meilleur, jusqu'à ce qu'il fût bien plein. Le lendemain, à peine nous eut-on servi notre dîné, que nous montâmes notre grande échelle de corde de tous ses échelons ensuite nous la cachâmes sous nos deux lits, afin que les porte-clefs ne puſſent l'appercevoir en nous apportant à ſouper. (Un officier étoit venu avec lui nous fouiller le matin.) Nous accommodâmes enſuite notre échelle de bois, puis nous mîmes le reſte en pluſieurs paquets, bien convaincus qu'on ne viendroit pas nous viſiter avant cinq heures, ſuivant la coutume. Les deux barres de fer, dont nous avions beſoin, étoient toutes arrachées, & miſes dans leur fourreau, pour empêcher qu'elles ne fiſſent du bruit, & les manier encore avec effort plus commodement. Nous avions eu ſoin de prendre une bouteille de ſcubac pour nous réchauffer & nous donner de la force, ſi nous étions réduits à travailler dans l'eau. Ce ſecours nous fut bien néceſſaire ; car, ſans cette liqueur, nous n'aurions jamais pu tenir dans l'eau d'un dégel, juſques au col, pendant ſix heures.

Nous voici arrivés au moment périlleux !..... A peine nous eut-on ſervi à ſouper, que, malgré un rhumatiſme que j'avois au bras gauche je me mis à grimper dans la cheminée, & j'eus toutes les peines du monde à monter au faîte : je faillis étouffer par la pouſſiere de la ſuie ; car j'ignorois la précaution que prennent les ramoneurs d'armer de défenſifs leurs coudes & leurs reins, & de se mettre un sac sur la tête, pour se garantir de la poussiere des cheminées. Aussi mes coudes & mes genoux furent-ils tout écorchés : le sang des coudes couloit jusques sur mes mains ; celui des genoux le long des jambes. Enfin j'arrivai au haut de la cheminée, je m'y mis à califourchon, & j'y fis couler une pelotte de ficelle que j'avois dans ma poche, au bout de laquelle mon compagnon étoit convenu d'attacher la corde la plus forte, où tenoit mon portemanteau : par ce moyen je le fis monter à moi & le fis redescendre sur la platteforme. Je renvoyai la corde où mon compagnon rattacha l'échelle de bois ; je tirai ensuite de même les deux barres de fer, & tous les autres paquets dont nous avions besoin. Après que tout fut monté, je jettai encore ma ficelle pour monter l'échelle de corde ; j'en tirai tout le superflu qu'il en falloit à mon camarade pour monter dans la cheminée plus commodément que moi, par le moyen du bout de cette échelle, & je l'arrêtai solidement par deux tours au signal qu'il m'en fit. Il monta facilement ; nous achevâmes de tirer le reste, que je jettai de maniere qu'elle fut comme nous à cheval dans la cheminée, & nous descendîmes tous deux à la fois sur la platte-forme, en nous servant de contre-poids l'un à l'autre.

Deux chevaux n'auroient pu porter notre attirail ; nous commençâmes à faire un rouleau de notre échelle de corde , qui produisit un volume de cinq pieds de haut, sur un pied d'épaisseur ; & nous fîmes rouler cette espece de meule sur la tour du trésor , que nous jugeâmes plus favorable à faire notre descente. Nous attachâmes bien cette échelle à une piece de canon, & puis nous la fîmes couler doucement dans le fossé. Nous attachâmes pareillement notre moufle ; nous y passâmes la corde de trois cents-soixante pieds de long; & après avoir transporté à côté tous nos autres paquets , je m'attachai bien par la cuisse au bout de cette corde de la moufle, je me mis sur l'échelle, & à mesure que je descendois un échellon, mon camarade lâchoit en proportion de la corde de la moufle. Malgré cette précaution, à chaque mouvement que je faisois, mon corps sembloit être un cervolant qui voltigeoit en l'air , au point que si pareille aventure fût arrivée dans le jour, de mille personnes qui m'auroient vu flotter de la sorte, je crois fermement qu'il n'y en auroit pas une seule qui eût refusé de faire des vœux au ciel pour moi. Enfin j'arrivai

sain

ſain & ſauf dans le foſſé. Sur le champ mon compagnon me deſcendit mon porte-manteau, barres de fer, échelle de bois, & tout notre équipage, que je plaçai au ſec ſur une petite éminence qui dominoit l'eau du foſſé au pied de la tour. Mon camarade s'attacha pareillement à ſon tour au deſſus du genou à l'autre bout de la corde de la moufle; & lorſqu'il m'eut fait connoître, par un ſignal, qu'il étoit ſur l'échelle, je fis d'en bas la même manœuvre qu'il avoit fait d'en haut pour me ſoutenir en l'air, ſi j'euſſe perdu l'échelle : j'eus même le ſoin de paſſer le dernier échelon entre mes deux cuiſſes en m'aſſeyant deſſus, pour lui épargner le flottage que j'avois éprouvé. Il arriva, & pendant tout ce tems, il eſt certain que la ſentinelle n'étoit pas éloignée de dix toiſes de nous, ſe promenant ſur le corridor, parce qu'il ne pleuvoit point; & c'eſt ce qui nous auroit empêché de pouvoir y monter pour arriver dans le jardin, comme nous l'avions d'abord projetté. Nous nous vîmes donc forcés à nous ſervir de nos barres de fer; j'en pris une ſur mon cou avec la vrille, & mon compagnon l'autre; je n'oubliai pas non plus de mettre dans ma poche la bouteille de ſcubac, & nous allâmes tout droit à la muraille qui ſépare le fossé de la Bastille de celui de la porte Saint-Antoine, entre le jardin & le gouvernement. Dans cet endroit, il y avoit eu anciennement un petit fossé d'une toise de largeur, & d'un ou deux pieds de profondeur; ce qui nous donna de l'eau jusque sous les aisselles.

Dans le moment, qu'avec la vrille je commençois à faire un trou entre deux pierres pour engrener nos leviers, voilà la ronde major qui passe avec son grand fallot à dix ou douze pieds tout au plus au dessus de nos têtes. Pour l'empêcher de nous découvrir, nous nous croupîmes dans l'eau jusqu'au menton; lorsqu'elle fut passée, j'eus bientôt fait, à l'aide de ma vrille, deux ou trois petits trous; & dans peu nous eûmes enlevé la grosse pierre que nous avions attachée. Dès l'instant je répondis à Dalegre de la réussite: je bus un coup; je lui en fis boire un autre: nous attaquâmes la seconde, puis la troisieme. Une seconde ronde vint à passer, & nous nous remîmes encore dans l'eau jusqu'au menton. Il nous fallut faire cette cérémonie réguliérement toutes les demi-heures que cette maudite ronde passoit toujours, & à la même distance.

Avant minuit nous avions déja dégradé plus de deux tombereaux de pierres. Vous allez croire que les quatre paroles que je vais rapporter ſont écrites pour vous exciter à rire ; mais c'eſt la pure vérité. Ayant entendu que la ſentinelle venoit ſe promener au deſſus de nous, les décombres que nous avions faits autour du trou, nous forcerent de nous croupir dans l'eau un peu derriere : la ſentinelle arrête tout court. Nous crûmes qu'il avoit entendu ou apperçu quelque choſe, & que nous étions perdus ; mais un inſtant après, il fit ſon petit tour préciſément ſur ma tête. Quand il fut parti, je dis à mon compagnon à l'oreille : „ Cet inſolent vient de piſſer ſur ma tête ; mais m'auroit-il fait caca ſur le nez, il ne m'auroit pas fait rompre le ſilence. Il me répondit : „ je vous crois ; mais buvons un coup pour appaiſer la peur qu'il nous a faite. Enfin en moins de ſix heures de tems, nous eûmes percé cette muraille, qui au rapport du major, a quatre pieds & demi d'épaiſſeur. Dès l'inſtant je dis à Dalegre de ſortir, & de m'attendre de l'autre côté ; & que ſi malheureuſement il m'arrivoit quelque choſe en allant chercher le porte-manteau, de s'enfuir au moindre bruit ; il n'arriva rien heureuſement : je l'apportai ; il le tira en dehors ; je ſortis après, en abandonnant le reſte ans regret. „

Etant tous les deux dans le grand fossé de la porte Saint-Antoine, nous nous croyions hors du péril : Dalegre tenoit un bout de mon porte-manteau, & moi l'autre, pour gagner le chemin de *Bercy*. A peine eûmes-nous fait cinquante pas, que nous tombâmes dans l'aqueduc qu'il y a dans le milieu de ce grand fossé : nous avions au moins six pieds d'eau au dessus de nos têtes. Mon compagnon, au lieu de gagner l'autre bord, car cet acqueduc n'a pas six pieds de large, quitte le porte-manteau pour s'accrocher à moi. Me sentant saisi, je donne un grand coup de pied ; je lui fis lâcher prise : en même tems je me cramponne de l'autre côté ; j'enfonce mon bras dans l'eau, l'attrappe aux cheveux, & le tire à moi, & ensuite mon porte-manteau qui surnageoit. Ce n'est qu'à cet endroit que nous fûmes hors de péril. C'est où finit cette nuit terrible.

A trente pas de là, comme ce fossé faisoit une pente, nous fûmes à pied sec. Ce fut alors que nous nous embrassâmes, & que nous nous jettâmes à genoux pour remercier Dieu de la grande grace qu'il venoit de nous faire, de ce qu'aucun n'avoit été fracassé en tombant, & de la liberté qu'il venoit de nous rendre. Notre échelle de corde étoit si juste, qu'elle n'avoit pas un pied de trop ni de moins. Nous avions ſi bien arrangé tout, qu'il n'y eut pas un bout de corde embrouillé...... Toutes les hardes que nous avions ſur le corps étoient mouillées; mais nous avions prévu ce petit malheur: nous avions des hardes dans mon porte-manteau, & couvertes à l'entrée de chemiſes ſalles; le tout étoit ſi bien arrangé, que l'eau n'avoit pas pu y pénétrer.

A force d'avoir travaillé pour tirer les pierres du trou, nos mains étoient toutes écorchées: & une choſe qu'on auroit de la peine à croire, c'eſt que nous avions moins froid dans l'eau juſqu'au cou, que quand nous en fûmes tout à fait dehors: car un tremblement univerſel nous ſaiſit: nos mains s'engourdirent. Il fallut que je ſerviſſe de valet de chambre à mon ami, qui m'en ſervit à ſon tour. Comme nous montions la rampe de ce foſſé pour entrer dans le chemin, quatre heures ſonnerent. Nous prîmes le premier fiacre, & nous fûmes chez M. de Silhouette, chancelier de monſeigneur le duc d'Orléans; malheureuſement il étoit à Verſailles. Nous nous réfugiâmes à l'abbaye S. Germain-des-près.

Fin de la premiere Partie.

SECONDE PARTIE.

LA marquiſe de Pompadour n'ignoroit pas qu'elle nous avoit fort mal-traités ; car il y avoit alors ſix ans qu'elle tenoit Dalegre dans la Baſtille ; & moi ſept, qu'elle avoit abuſé de ma bonne foi, & de la confiance que j'avois eue dans la bonté du roi. Elle ſavoit que Dalegre étoit un jeune homme qui avoit beaucoup d'eſprit, & que moi je n'étois pas tout-à-fait ſot. On ne lui avoit point caché que nous étions fort irrité contre elle : &, avec raiſon, elle craignoit que nous lui cauſaſions bien de l'ennui, en divulguant ſes cruautés & ſa mauvaiſe conduite. Nous tînmes conſeil, & nous réſolûmes de reſter cachés un mois, pour lui laiſſer le tems de jetter ſes premiers feux ; car nous ne doutions pas qu'elle alloit tout mettre en uſage pour nous faire arrêter & remettre à la Baſtille ; &, pour l'empêcher de nous avoir tous deux d'un même coup de filet, il fut réſolu que nous ſortirions de France l'un après l'autre, & que celui qui ne ſeroit point arrêté réclameroit ſon camarade, qu'il commenceroit par les prieres, &

qu'au refus de la marquise, qui auroit, par degrés, recours aux voies qui feroient le plus d'éclat, en rendant sa cruauté publique, jusqu'à ce qu'elle eût relâché l'autre. Comme on craignoit la plume de Dalegre, il voulut sortir le premier : pour cet effet, il s'habilla en pauvre paysan, & il eut le bonheur d'arriver à Bruxelles. Il fut loger à l'hôtel de *Goffy*, sur la place de l'hôtel de ville. J'avois logé un quartier d'hiver dans cette auberge ; l'hôtel se nomme *Volems*. Arrivé dans cette ville, il m'écrivit sur le champ de venir le joindre. Je m'habillai comme lui en paysan ; mais avant de partir, je me fis donner par celui qui me logeoit son extrait baptistaire, & je m'étois muni d'un factum de procès. Je fus attendre à deux ou trois lieues la diligence qui alloit à Valenciennes ; je m'accommodai avec le cocher pour me porter jusques dans cette ville.

Etant arrivé à Cambrai, dans l'auberge où couche la diligence, un brigadier de maréchaussée vint tout droit à moi, me regarde fixement, & me dit : „ D'où „ venez-vous ?...... La diligence venant de „ Paris, je ne pouvois pas lui dire que je „ venois d'ailleurs. « D'où êtes-vous, me dit-il ? „ --- Je me gardai bien de lui dire que j'étois de Montagnaç, il m'auroit cru ſur ma parole ; mais je lui dis que j'étois de Digne en Provence, à cauſe de l'extrait baptiſtaire de mon hôte que j'avois. --- „ De Digne, me dit-il, je ſuis reſté plus de dix ans dans cette ville. „ --- Et moi qui n'y avois jamais été, jugez de ma ſurpriſe ; j'aurois mieux aimé qu'un cheval m'eût donné un coup de pied, que de lui entendre proférer cette parole : cependant, ſans me déconcerter, je lui dis : „ Parbleu, monſieur, ſi vous êtes reſté dix ans à Digne, vous ne devez pas regretter de mourir aujourd'hui ; car vous devez vous être bien diverti. La Provence & les Provençales ſont bien gaies ; avouez-le : je parie que vous n'êtes pas reſté un ſeul jour ſans danſer. „. --- « Oh ! ſi j'ai danſé !.... depuis le matin juſqu'au ſoir. --- Le vin eſt à bon marché dans mon pays, n'eſt-il pas vrai, monſieur ? --- Ah ! d'honneur, me dit-il, je ne faiſois que boire & danſer. „ --- Cependant, après lui avoir fait bien des queſtions, malgré moi : il m'en fit à ſon tour qui n'étoient pas ſi amuſantes que les miennes. „ Connoiſſez-vous : me dit-il, monſieur un tel, un tel, un tel, &c. „ Ici je me reſſouvins de la fable du ſinge & du dauphin. Dans un naufrage, un ſinge s'étoit mis ſur le dos d'un dauphin : celui-ci celui-ci lui demanda s'il connoiſſoit le Pyrée ? Si je connois le Pyrée, dit le ſinge, c'eſt le meilleur de mes amis. Comme le Pyrée étoit le port d'Athenes, le dauphin tourna la tête pour voir ce qu'il portoit ſur ſon dos ; voyant que ce n'étoit qu'un ſinge, il le jetta dans l'eau. Le ſouvenir de cette fable me rendit prudent : car je dis en moi-même : ſi ce brigadier de maréchauſſée te tend un piege, & que tu diſes que tu les connois, tu es un homme perdu ; car, s'ils exiſtent, il te pouſſera des demandes auxquelles tu ſera de plus en plus embarraſſé de répondre. En conſéquence je pris un autre biais ; je fis ſemblant de ruminer tout haut, en diſant : „ monſieur un tel, monſieur un tel, monſieur un tel, &c. Je ne me ſouviens pas d'avoir jamais entendu prononcer ces noms dans Digne, qui n'eſt cependant pas extrêmement grand. Et de combien de tems me parlez-vous, monſieur « ? — „ De dix-huit ans, me répondit-il. « — „ Oh ! lui dis-je, je n'étois alors qu'un enfant, & il eſt hors de doute que ces perſonnes ſont mortes «. Enſuite il me dit : „ Ah ! les excellentes eaux qu'il y a dans cette ville ; elles opérent des miracles : je leur ai vu guérir tels & tels maux «. — Je lui répondis : „ monſieur, dans tous les lieux du monde, Dieu a mis

F

des eaux & des breuvages pour guérir toutes ſortes de maladies «. Comme il alloit me faire encore d'autres queſtions, telles que me demander ſi je n'avois pas dans le caroſſe un compagnon de voyage : à quoi je répondis très-briévement que non, & qu'à la longue j'aurois très-certainement ſuccombé; car il prenoit trop de plaiſir à s'entretenir avec ma perſonne. Je vis ſortir de l'écurie le cocher de la diligence, je lui criai, de toutes mes forces : « Guſtin, Guſtin ! il tourne la tête de mon côté : Voulez-vous que nous allions boire une bouteille chez notre vieux ami. Il me répondit, en prononçant un f, ... » Je le veux bien «. Alors je tirai une révérence à monſieur le brigadier, qui me peſoit plus de mille quintaux ſur les épaules, & nous fûmes effectivement boire une bouteille.

Le lendemain, la diligence arriva à Valenciennes avant midi. Je fus arrêté à la porte; on m'y fit pluſieurs queſtions; je leur répondis que pour ce moment je venois en droiture de Paris; mais que j'y étois arrivé de Digne. On me demanda mon paſſeport. Sur le champ, ſans répondre, je tirai de ma poche, bien accommodés dans un mouchoir, le factum & l'extrait baptiſtaire. Je leur dis que j'étois domeſtique, & que mon maître m'envoyoit porter ces papiers à ſon frere, qui étoit établi à Amſterdam. Ils me laiſſerent paſſer. Là, je pris la diligence de Bruxelles, & j'y arrivai le lendemain ; je fus tout droit chez mon ancien hôte, qui ſous l'habit de domeſtique ne me reconnut point ; mais ſon épouſe me ſauta au col, & me donna pluſieurs baiſers. Enſuite je lui demande où étoit monſieur Dalegre. Elle me répondit : *je ne ſais* -- « Je lui ai cependant dit de venir loger chez vous à ſon arrivée : il m'a écrit & m'a fait des complimens de votre part ; il doit être ici par conſéquent, & vous ne devez pas me cacher où il eſt « ? Elle me répondit encore : *Je ne ſais où il eſt.*

A ces mots un coup d'épée ne m'auroit pas fait plus de peine ; car je vis bien qu'il lui étoit arrivé quelque malheur. Je dis au mari & à la femme ; s'il vous doit, vous n'avez qu'à me le dire ; je vais vous ſatisfaire. La femme répondit, tout eſt bien payé. Le mari me demanda ſi je logerois chez lui ? Je lui répondis : ſi vous avez un lit à me donner, cela n'eſt pas douteux ; vous n'avez qu'à me préparer à ſouper ; mais je ne puis me rendre ici que ſur les dix heures, je voulus lui donner un écu d'avance, il n'en voulut point ; mais il me dit qu'il alloit faire écrire mon nom à l'hôtel-de-ville (c'eſt l'uſage) ; je ſortis vîte de cette auberge, ſous prétexte que j'avois des affaires à terminer dans la ville ; mais bien réſolu de ne pas y retourner. Je fus chez un de mes amis intimes, nommé l'avocat Scorvin, qui occupe aujourd'hui une place conſidérable dans le grand-conſeil du Brabant. Il venoit manger dans cette auberge dès 1747, que je paſſai un quartier d'hiver en cette ville. Je lui racontai mes aventures, & ce qui venoit de ſe paſſer. Il me répondit : J'ai beaucoup de peine à croire que monſieur le Prince Charles ait donné les mains pour faire arrêter votre ami, ou enfin que ſes conſeillers ſe ſoient prêtés à ſon enlevement ; ſi vous voulez, je vous donnerai un logement ici ; mais, pour ne rien haſarder, je vous conſeille de partir tout à l'heure. Je lui répondis que c'étoit la réſolution que j'avois déja priſe, mais que je n'avois pas voulu paſſer ſans le ſaluer. Je le chargeai de quelques commiſſions, qu'il fit : en ſortant de chez lui, je fus tout droit à la barque d'Anvers, qui devoit partir à neuf heures préciſes du ſoir ; j'entrai dans le cabaret le plus proche, en attendant ſon départ. Un jeune Savoyard, en habit de dimanche, vint ſe mettre à ma table, avec ſon épouſe, & deux de ſes parens qui venoient l'accompagner. En me regardant, ce Savoyard me dit: » A votre air je connois que vous êtes Français. — Vous ne vous trompez pas. — Allez-vous à Anvers ou plus loin ? Je vais à Amſterdam. — Bon, dit-il, nous ferons le voyage enſemble ; je parle très-bien Hollandois, & ſi on nous cherche quelque diſpute, nous ſerons deux, & nous nous défendrons «.

Si je n'avois été plongé dans un chagrin extrême, à cauſe du malheur arrivé à mon compagnon d'infortunes, j'aurois ri. Cependant je lui répondis : « Qu'il pouvoit compter ſur moi ; que je ne lâcherois point le pied. » Nous arrivâmes de bon matin à Anvers. Ce ramoneur, qui s'appeloit *Achard*, me dit : « Mon ami, comme les vents peuvent devenir mauvais & contraires, il nous faut acheter ici des vivres pour pluſieurs jours. » Je le remerciai de l'avis ; mais il voulut m'accompagner dans la ville, où j'achetai quelques livres de jambon cuit, du fromage, du pain, & deux bouteilles d'eau-de-vie de genievre, &c. Nous fîmes porter tout cela dans la barque de Rotterdam, qui devoit partir à une heure préciſe après midi : alors il n'étoit pas dix heures. Le ſavoyard me dit : « Nous avons le tems, voulez-vous, mon ami, que je vous mene à la cathédrale pour voir les beaux tableaux qu'il y a dans cette églife „ ? Quoique je les euffe vus avant lui, je lui dis que je le voulois bien : il m'y mene. Dans le tems que nous y étions, occupé d'autre chofe que de tableaux, je lui dis : « Vous êtes marié à Bruxelles; votre femme y demeure; ne pourrois-je pas la charger de me retirer un porte-manteau qui doit m'arriver de Paris par la diligence, car j'ai eu une affaire d'honneur en France, qui m'a empêché de pouvoir le prendre avec moi. A ce mot il me dit, parlez bas, car il y a cinq jours aujourd'hui qu'il eft arrivé à Bruxelles une affaire de grande conféquence. Deux prifonniers d'état fe font échappés de la baftille à Paris, un s'eft déguifé en mendiant, & fous cet habit, il eft arrivé à Bruxelles : il avoit été loger à la place de l'hôtel-de-ville. Le lendemain il s'eft fait faire un habit galonné, & alloit fe promener avec les officiers qui mangent dans cette auberge, Laman (c'eft un officier de juftice qui arrête le monde) a reçu un ordre de l'arrêter : & voici comment il s'y eft pris pour fauver l'éclat. Il a été l'attendre à la porte de fon auberge, & lui a dit : monfieur, vous êtes étranger, & moi je fuis Laman; il faut que vous ayez la bonté de vous transporter chez moi, pour me donner votre nom & vos qualités. Ce monsieur, qui croyoit sa personne en sûreté, le suivit, mais quand il a été arrivé dans sa maison, il l'a enfermé dans une chambre, en lui disant : monsieur, j'ai ordre du prince Charles de vous faire conduire sur les terres de Hollande : soyez bien assuré que vous serez content du prince. Cependant le lendemain à la pointe du jour, monsieur de l'Ecaille, grand-prévôt du Brabant, l'est venu prendre bien accompagné, & l'a conduit aux portes de Lille. C'est-là qu'il l'a remis à un exempt Français qui suivoit en chaise de poste à une portée de fusil par derriere. J'ai appris tout cela du Laman, qui est mon bon ami, & qui m'a bien défendu d'en parler à personne. „

Par ce cruel récit, je ne pus plus douter du malheur qui étoit arrivé à mon compagnon d'infortunes. Néanmoins je dis au ramoneur, « A-t-on arrêté l'autre ? — Pas encore, me dit-il ; mais on ne le manquera pas, car il y a bon nombre de gens à l'affut. Je dis en moi-même : de par tous les saints du paradis, je viens de l'échapper belle » ! Après avoir été instruit de tout par ce ramoneur, je lui dis : « ah ! pour moi je ne suis point prisonnier d'état, c'est pour m'être battu en duel, & avoir blessé mon ennemi : & pour éviter qu'on me mette en prison, je vais en Hollande attendre que mes parens aient accommodé mon affaire. Achar, lui dis-je, ne croyez point que ce soit en traître que je l'ai blessé; c'est en tout honneur, en tout honneur. — Oh, me dit-il, je vous crois, monsieur. »

Cependant, je fis des réflexions; je dis en moi-même si le prince Charles a donné son consentement pour faire arrêter Dalegre, il ne manquera pas de faire courir après moi; car dès hier au soir il aura été instruit que je suis arrivé à Bruxelles. Vu que je n'y ai point couché, il ne peut éviter de penser que je suis parti par la barque d'Anvers, pour passer en Hollande. A Bruxelles, on sait précisément l'heure du départ de la barque de Rotterdam; & en moins de quatre heures; en chaise de poste, on peut venir à Anvers. Or je ne doutai point que celui qui avoit fait arrêter Dalegre, n'envoyât un ordre, au même monsieur de l'Ecaille à Anvers, pour me faire arrêter en entrant dans la barque de Hollande; & pour éviter ce malheur, je dis au ramoneur: » Achar, la barque qui doit nous porter à Rotterdam, passe-t-elle à Berg-op-zoom » ? Il me répondit que non. (C'est ce que je savois avant lui.) Je feignis cependant d'en être fâché, & lui dis: « je ne m'attendois pas à ce contretems,

tems, car il faut de toute néceſſité que je paſſe à Berg-op-zoom, pour recevoir l'argent d'une lettre-de-change. Ainſi, mon ami, je ſuis bien fâché de ne pouvoir achever le voyage avec vous, qui me paroiſſez être un parfait honnête homme; mais j'eſpere que nous nous reverrons à Amſterdam, & nous boirons plus d'une bouteille enſemble. En attendant, je vous fais préſent de tous les vivres qui ſont dedans la barque. Ce préſent fit beaucoup de plaiſir à ce ramoneur qui, par reconnoiſſance, voulut m'accompagner hors la ville, & m'indiquer le chemin qui mene à Berg-op-zoom ». A peine m'eut-il tourné le dos, que je me mis à courir de toutes mes forces, juſqu'à ce que je fuſſe arrivé ſur les terres de Hollande, de crainte qu'en entrant dans la barque on ne me réclamât, & que ce ramoneur ne lâchât quelque parole indiſcrette.

J'arrivai fort heureuſement à Amſterdam. J'y trouvai pluſieurs perſonnes de ma province; je ne les avois jamais vues; mais comme elles connoiſſoient ma famille, il y en eut une qui voulut que je vinſſe loger chez elle. Cet honnête homme fit venir pluſieurs perſonnes ſages chez lui pour faire une conſultation. Tous m'aſſurerent que je n'avois rien à craindre; que ma perſonne étoit en sûreté dans Amſterdam ; que les Etats ne me livreroient pas, pourvu que je fuſſe tranquille.

Mon deſſein n'étoit pas de me venger, ni même de troubler la tranquillité de la marquiſe de Pompadour. Il eſt vrai que j'aurois mieux aimé mourir que lui abandonner mon camarade d'infortunes. J'attendois même avec impatience que j'euſſe reçu de l'argent de chez moi, pour le lui faire redemander d'une maniere reſpectueuſe, en faiſant agir toute ſa famille ; & moi même j'aurois répondu de ſa ſageſſe & de ſa diſcrétion.

La marquiſe de Pompadour étoit une femme vindicative ; il n'y a que Dieu ſeul qui l'ait connue ; & pour faire périr un de ſes ennemis, elle auroit fait dépenſer vingt millions à la France. Le miniſtre ou le Contrôleur-Général des finances ſe ſeroient bien gardés de la refuſer.

Par rapport à tout le mal qu'elle m'avoit fait, elle me fit réclamer par l'ambaſſadeur de France, au nom du Roi, aux Etats de Hollande. Eh ! quelle eſt la puiſſance qui refuſeroit un de ſes ſujets à un auſſi puiſſant monarque ?

Par un malheur qui ſurpaſſe mes lumieres, je ne ſais comment on put intercepter mes lettres à la poſte d'Amſterdam, ayant eu la précaution de changer de nom, & de les faire mettre à d'autres bureaux de poste, qu'à ceux d'où l'on pouvoit juger que j'en dusse recevoir.

Des lettres que l'on m'avoit interceptées, on ne m'en envoya qu'une seule, celle de mon pere, dans laquelle il y avoit une lettre-de-change, & qu'on avoit eu soin de recacheter. A l'occasion de cette lettre qui me fut rendue par les voies ordinaires, ils prirent des arrangemens pour m'enlever en allant chercher mon argent. Ainsi ce fut en allant faire acquitter cette traite que je fus arrêté, dans la maison de Marc Fraicinet, banquier, au marché aux fleurs, le premier Juin 1756. Je fus conduit à l'hôtel-de-ville d'Amsterdam, où je restai huit jours; & ensuite je fus mené par eau à Anvers, & de-là en poste à la Bastille, où je fus, en arrivant, jetté dans un cachot, les fers aux pieds & aux mains, couché sur la paille, sans couverture.

C'est de ce lieu affreux, que le 14 avril 1758, j'envoyai au feu Roi, Louis XV, le projet militaire, pour faire prendre généralement à tous les officiers & sergens, des fusils au lieu d'espontons, dont ils se servoient jusqu'alors; & par ce moyen j'augmentai nos armes, sans qu'il en coûtât rien, de vingt-cinq milles fusiliers.

Par un ſecond mémoire que j'adreſſai à la cour, le 3 juillet 1758, j'ai procuré plus de douze millions de revenu à la France; ces deux ſervices rendus dans un tems où le roi avoit grandement beſoin d'argent, auroient fait rendre la liberté au plus grand criminel, & lui auroient encore procuré une fortune honnête; ils n'ont ſervi, à moi innocent, qu'à me faire redoubler les perſécutions, à m'accabler d'outrages, de faire prendre à mes ennemis la réſolution inhumaine & meurtriere de me faire, par la ſuite, périr dans un cachot de Bicêtre, dans le cachot des ſcélérats.

Quand à préſent, détenu dans celui de la Baſtille depuis quarante mois, les fers aux pieds & aux mains, & couché ſur la paille, ſans couverture; je dûs ma ſortie au débordement de la riviere. Quand on m'en tira, j'avois de l'eau juſqu'à la ceinture; on me mit dant une chambre ordinaire, en attendant la diſgrace de mon ennemie, qui ſeule pouvoit me donner l'eſpoir d'obtenir ma liberté.

Le pauvre Dalegre, mon malheureux compagnon d'infortunes, ne put réſiſter à un traitement auſſi cruel; il devint fou enragé. Dans le mois de mai 1777, il vivoit encore. On l'avoit transféré dans la maiſon de force de Charenton, gouvernée par les frere de la Charité ; séjour que l'on me destinoit pareillement, selon toute apparence ; car on me donna un jour la permission barbare de le voir aux catacombes. Je le trouvai parmi les frénétiques enragés.... Hélas ! en le voyant dans ce lieu affreux, je ne pus retenir mes larmes ! Et c'étoit le but de ceux qui me permirent cette partie de plaisir, que de me conduire au désespoir ! Je lui dis mon nom, je lui dis que c'étoit moi qui étoit échappé de la Bastille avec lui..... il ne me reconnoissoit point ?...... Il me répondit que non, qu'il étoit Dieu.

On croit faire grace à un criminel en le condamnant à une prison perpétuelle ; mais d'après ma propre expérience, & celle que j'ai été à portée de prendre dans les autres, que je n'ai vu que de trop près, j'ose dire, que les juges seroient plus humains mille fois, en ôtant la vie à un coupable par le plus douloureux de tous les supplices, que de le condamner à une prison perpétuelle. Dans le premier cas, en moins d'une heure, tous ses jours malheureux seroient finis ; au lieu que dans une longue prison, il souffre à chaque instant toutes les douleurs d'un millions de morts.

Je n'ai jamais souhaité la mort à mon ennemie, mais nuit & jour je soupirois après sa disgrace : & je puis protester que je ressentis beaucoup de peine lorsque, le dix-huit avril 1764, deux demoiselles auxquelles j'avois jetté un paquet de papiers du haut des tours de la Bastille, en profitant d'un grand vent, jusques dans la rue Saint-Antoine, les priant de me tendre une main secourable, ne cessoient pendant plusieurs jours, de me faire des signes, qu'elles alloient travailler pour moi; mais un matin, par la fenêtre de leur chambre, elles me firent voir un grandissime papier, sur lequel étoient écrits ces quatre mots;

HIER XVII EST MORTE MADAME LA MARQUISE DE POMPADOUR.

Je laissai passer plusieurs jours, pour voir si l'on ne viendroit pas délivrer les prisonniers que cette dame tenoit à la Bastille; car je savois bien que je n'étois pas le seul. Au bout d'un mois, voyant qu'il n'y avoit rien de nouveau, j'écrivis à monsieur de Sartines: » que madame la marquise de Pompadour étant morte le dix-sept du mois d'avril, selon l'autorité des lois, l'innocence de ma faute, sa trop longue expiation, la liberté devoit m'être rendue; & que je le suppliois en grace sur-tout, de vouloir bien considérer la longueur du tems que je supportois ma captivité injuste &

barbare d'après mon innocence ! » Comme monsieur de Sartines avoit expressément défendu à tous les officiers, chirurgiens, porte-clefs, d'instruire les prisonniers de cette mort ; il vint à la Bastille, me fit descendre à la salle du conseil, & me dit : » Je veux absolument savoir qu'elle est la personne qui vous a appris cette mort. « Je n'eus pas le tems de la réflexion, car je lui aurois répondu que : la nuit du 17 avril, j'avois été tellement préoccupé, & à diverses reprises, de cette nouvelle, & tourmenté même par cette idée, que je me l'étois persuadée, que je l'aurois parié, & que l'aveu de son interrogation confirmoit ma croyance. » Mais pris à l'improviste, je lui répondis tout naturellement, » que j'étois honnête homme, & que j'aimerois mieux qu'on m'arrachât le cœur que de trahir, & d'avoir la lâcheté de payer d'ingratitude la personne qui m'avoit donné cette nouvelle. -- Eh bien ! me dit-il, puisque c'est ainsi, je ne vous rendrai votre liberté, que quand vous me l'aurez nommée. » Il insista, je persistai, & fus constant dans mon refus, & préférois sans balancer la continuation de mon emprisonnement à l'ingratitude & à la perfidie. M. de Sartines enfin fut très-mécontent de mon genre de probité ; je doute cependant qu'aucune perſonne honnête puiſſe me blâmer, ou approuver la conduite de M. de Sartines en cette occaſion. A ſa place & tout homme d'état que j'euſſe voulu être, il me ſemble que ſi j'euſſe fait une ſemblable queſtion, j'aurois jugé le priſonnier, même de quinze ans, qui auroit trahi ſon bienfaiteur, indigne de jouir jamais de la liberté qu'il me demandoit; & que j'aurois au contraire donné des louanges à celui qui auroit eu le courage de réſiſter à mes offres & à mes menaces, telles intéreſſantes ou terribles fuſſent-elles pour lui.

Quoiqu'il en ſoit, je continuai à le ſolliciter vivement. J'écrivis lettre ſur lettre à monſieur de Sartines; mais ſans aucun ſuccès. On me donnoit à la vérité quelques foibles eſpérances; mais la maniere dont on me les donnoit, & les intervalles auxquels elles m'étoient tranſmiſes, me faiſoient aſſez juger combien elles étoient illuſoires?..... A meſure que mes eſpérances s'évanouiſſoient, mon eſprit s'aigriſſoit davantage: & de reſter priſonnier, ſans aucune partie du moins que je connuſſe, me fit mettre, ſans doute involontairement, moins d'humilité & de ménagement dans mes réclamations. Enfin aliéné un jour par le déſeſpoir, je m'échappai à écrire une lettre injurieuſe à monſieur de Sartines.

tines. Lettre fatale !..... Lettre écrite dans un moment d'égarement, qu'un cœur généreux eût ſans doute pardonnée, & qui fut cependant la cauſe de tous les malheurs qui m'ont depuis accablé.

Mais quel homme peut être aſſez maître de lui-même pour étouffer dans tous les inſtans de ſa vie l'indignation que produiſent néceſſairement des tourmens renaiſſans ſans ceſſe, & auſſi injuſtes que prolongés ! J'ai ſans doute été imprudent, inconſidéré : j'ai eu tort de céder à un mouvement d'impatience trop violent, de choquer un homme qui me tenoit en ſa puiſſance, quelque inique qu'il fût envers moi. Mais enfin, je n'ai à rougir d'aucun crime ; mon cœur eſt pur, ma conſcience eſt en paix.

Cette malheureuſe lettre rendit monſieur de Sartines furieux contre moi ; il me fit mettre ſur le champ dans le cachot de la tour nommée la Baſſiniere, au pain & à l'eau.

Il y avoit déja plus de quinze ans que j'étois à gémir dans la Baſtille ; & les officiers, qui ſont des hommes humains, n'étoient pas trop fâchés que j'euſſe eu le courage de reprocher à monſieur de Sartines ſa cruauté : & comme il ne manquoit pas tous les mois d'y aller faire parade de ſa puissance, il s'en apperçut ; & pour ne pas laisser sans cesse sous les mêmes yeux une preuve de sa barbarie, la nuit du 14 au 15 du mois d'août 1764, veille de l'Assomption, à minuit précises, on vint me chercher au cachot ; on me conduisit au gouvernement : là on me chargea de chaînes de toute espece. On me porta dans un fiacre ; & en sortant de la salle du gouvernement, l'exempt, qu'on nomme Rouillé, dit aux officiers „ qu'il alloit me „ conduire dans un couvent de moines, „ pour prendre l'air petit-à-petit pendant „ deux ou trois mois, au bout desquels „ on me rendroit la liberté. “ Cet exempt, non content de m'avoir chargé de fers avant que le carosse partît, me passa encore une autre chaîne au cou ; & l'on fit passer l'autre bout sous le pli de mes genoux. Au premier coup de fouet que le cocher donna à ses chevaux, le recors, qui étoit dans le carosse à côté de moi, mit une de ses mains sur ma bouche, & l'autre derriere ma tête. Le second recors, qui étoit devant moi aux côtés de l'exempt, tira la chaîne si rudement, & l'autre poussa ma tête d'une telle violence, que je crus qu'ils m'avoient cassé les reins, & qu'ils alloient m'étouffer, & me jeter dans la riviere. Mon visage étoit préciſément entre mes genoux, & l'on me conduiſit dans le donjon de Vincennes, où je fus jetté dans une cachotiere.

Je ſais que les officiers des priſons royales ſont forcés, malgré eux, d'exécuter les ordres qu'on leur donne ; & j'oſe dire que, pendant un tems infini, chaque morceau de pain ou verre d'eau que j'avalois, je croyois que ce ſeroit le dernier. Ah !..... on a bien raiſon de dire que l'attente de la mort eſt plus affreuſe que la mort même. Je me croyois un homme perdu ſans reſſource ; mais heureuſement pour moi que le lieutenant de roi, monſieur Guyonnet, étoit un homme d'honneur, d'humanité. Il venoit très-ſouvent me voir ; je lui racontois toutes mes aventures, toutes mes infortunes. Il en fut extrêmement touché, & me proteſta qu'il alloit travailler pour moi de toutes ſes forces : ce qu'il fit ; car voyant l'injuſtice affreuſe dont monſieur de Sartines m'accabloit, avec cette ardeur qui caractériſe une ame ſenſible & généreuſe, il vint à bout de me tirer de la cachotiere où j'étois malade ; mais il parvint même à me faire accorder deux heures de promenade par jour dans le foſſé, à la garde de deux fuſiliers & un ſergent, qui reſtoit à la porte avec une autre ſentinelle.

Il y avoit déja vingt mois que mon ennemie étoit morte, & deux que je jouiſſois de cette promenade, quand le vingt-trois novembre 1765, ſur les une heure du ſoir, dans le tems que j'y étois, il s'éleva un brouillard fort épais. Je dis en moi-même, il ne faut pas que je perde cette belle occaſion d'échapper ; & ayant monté la rampe du foſſé, étant entre deux fuſiliers, & derriere le ſergent, je demande à celui-ci : » Comment trouvez-vous le tems? --- » fort mauvais! Et moi, repris-je, je le » trouve fort bon pour échapper. « Sur le champ, avec mes coudes, j'écarte les deux ſentinelles qui étoient à mes côtés d'une telle force, qu'ils font l'un mi-tour à droite, & l'autre à gauche ; je pouſſe ſi rudement le ſergent, qu'il tombe ſur le nez, & paſſe à côté du troiſieme ſentinelle qui étoit au bout du pont-levis ; & me voilà dans la cour du gouvernement, fuyant de toutes mes jambes. Le ſergent ſe releve ; & lui, & ſes trois ſentinelles, ſe mirent à courir après moi, en criant : *arrête*, *arrête*, *arrête*. J'enfile la cour royale qui étoit pavée de monde allant & venant ; & pour empêcher que perſonne ne m'arrêtât, je me mis à crier comme ces quatre ſoldats : arrête, au voleur, arrête : & avec ma main, je faiſois des ſignes que le voleur fuyoit devant, & le brouillard m'étoit fort utile : car de tous ceux qui étoient autour de moi, il n'y avoit que ceux qui pouvoient me voir qui se missent à crier comme moi ; arrête. De sorte, qu'à la tête de tous ces criards, & par la faveur de cet heureux brouillard, je traversai toute la cour royale ; mais ici il fallut changer de note. Une sentinelle s'étoit posté au milieu de la porte, qui n'a pas deux toises de large, avec la bayonnette au bout du fusil. Comme ce même homme m'avoit gardé un grand nombre de fois en allant me promener, il me connoissoit, & me dit : Arrêtez, monsieur, ou je vous passe » ma bayonnette au travers du corps. Je » me modérai, en disant : « O Chémé ! » (c'étoit le nom de la sentinelle) vous » n'êtes pas assez méchant pour tuer un » homme qui ne vous a jamais fait de » mal, & que vous connoissez. » En même tems j'écarte & saisis sa bayonnette & son fusil, & le secoue si fort, que je le fais tomber par terre. Je pris ma course tout armé, & j'entrai dans le bois du parc pour me cacher aux regards de tout le monde ; ensuite je jettai le fusil, & fis un demi-tour à droite ; & toujours en courant, j'eus bientôt rencontré la muraille du parc. Je l'escalade, & saute dehors, & à cinquante ou ſoixante toiſes, je me cachai dans le premier lieu où je crus ne pouvoir être découvert jusques à la nuit cloſe que j'entrai dans Paris.

Je fus tout droit chez les deux demoiſelles auxquelles j'ai dit que j'avois jetté mon paquet de papier du haut des tours de la Baſtille. Par un mot d'écrit pour elles, qui étoit dedans, je les avois prié d'aller porter ces papiers à un de mes amis, nommé la Beaumelle, connu pour avoir critiqué la Henriade de Voltaire : je leur demandai ce qu'elles en avoient fait : elles me répondirent qu'on leur avoit dit que M. de la Beaumelle étoit dans le pays étranger, & que depuis plus de quinze mois, ne me voyant plus promener ſur le haut des tours de la Baſtille elles m'avoient cru ou ſorti de captivité, ou mort; & qu'elles les avoient brûlés. En un mot, je vis que ces deux demoiſelles avoient beaucoup plus de ſenſibilité que d'eſprit; car il eſt évident que ſi ce meſſage eût été entre les mains d'une perſonne un peu intelligente, entre les mains enfin d'une madame Legros, que nous aurons occaſion de connoître par la ſuite, elle ſeroit venue à bout, & peut-être alors en peu de tems, de me tirer des griffes de mon nouvel ennemi; la premiere étant morte peu de tems après que je leur eus jetté ce paquet.

M. de Sartines ſavoit, pour mon malheur, que j'étois protégé par feu M. le maréchal duc de Noailles, pere de celui d'aujourd'hui, qui vivoit alors, par M. de Silhouette, &c. Et moi je n'ignorois pas que mon évaſion ne dût le jetter dans de grandes inquiétudes. J'étois alors âgé de quarante ans, & j'échappois pour la troiſieme fois d'une captivité de dix-ſept, dans la derniere deſquelles ſur-tout j'avois ſouffert des tourmens au deſſus de toute expreſſion. Je ſoupirois cependant plus après le repos qu'avec la vengeance, qui auroit pu m'attirer de nouveaux malheurs encore: & comme un honnête homme commence toujours par la douceur & par la modération pour accommoder les affaires, afin de mettre ſon ennemi dans ſon tort, le lendemain de mon évaſion, j'écrivis à M. de Sartines pour le raſſurer, & lui proteſter que je ne ferois pas une ſeule démarche, que je ne dirois point une ſeule parole qui pût lui déplaire, ou ternir ſa réputation. Malgré cela, il n'en avoit pas moins pris la réſolution de me perdre. Il prévint en conſéquence les miniſtres contre moi: il fut lui-même chez M. le comte de la Marche, aujourd'hui prince de Conti, chez M. le maréchal duc de Noailles ; il envoya des exempts à Petit-Bric, maison de campagne de M. de Silhouette. Il lui écrivit que c'étoit à sa recommandation qu'il m'avoit accordé des adoucissemens, dont j'avois abusé, &c. Nota, que cela n'étoit point : néanmoins cela me porta des coups mortels, tant a de force le droit ou le pouvoir de calomnier.

De mon côté je n'étois pas moins intrigué que lui, voyant qu'il vouloit absolument me perdre.

Je fus chez un de mes amis, le chevalier Méhégan, qui a un frere brigadier des armées du roi ; je viens d'apprendre qu'il est mort : c'étoit un homme d'esprit. Je lui racontai mes malheurs. „ Comment, dit-il, c'est vous qui avez échappé du donjon de Vincennes ? Oh ! je vous dirai, mon cher ami, que M. de Sartines, & le frere de la marquise de Pompadour, (tout le monde a connu le peu d'esprit, & la brutalité de caractere de ce marquis de Marigny) sont dans une peine extrême à votre égard. Je sais très-certainement que tous les exempts, tous les commissaires, tous les recors, tous les inspecteurs de police, en un mot, je sais qu'ils vous font chercher dans tout Paris par trois mille personnes. De plus, ils ont promis mille écus,

écus à celui qui leur donnera votre adresse : on a envoyé votre signalement à toutes les maréchaussées de France pour vous arrêter.

On ne craint point un coquin, même un scélérat, auquel on n'a fait que le mal qu'il mérite. Ceux-ci fuient la justice, & moi je la recherchois : & voilà précisément ce que M. de Sartines & le marquis de Marigny craignoient tant que je ne trouvasse un moyen, un débouché ; & c'étoit à cause de cela justement que M. de Sartines étoit allé chez M. le comte de la Marche, chez M. le duc de Noailles, chez M. de Silhouette, pour les empêcher de me tendre une main secourable; ce à quoi il ne réussit que trop bien. Enfin, le chevalier de Méhégan me dit : „ Perdu pour perdu, je vous conseille d'aller à Fontainebleau où est le roi, de vous jetter à ses pieds, & de lui demander justice „. En conséquence, j'écrivis au Ministre de la guerre, & je lui donnai ma parole d'honneur „ que je serois chez lui le 18 décembre 1765, & que je le suppliois en grace de ne point me faire arrêter avant de m'avoir accordé un moment d'audience ; qu'ensuite, s'il me l'ordonnoit, je me rendrois moi-même en prison : malgré tous les gens postés pour m'arrêter, j'arrivai dans son appartement un jour plutôt que je n'avois

I

promis ; c'eſt-à-dire, le 17. Dès l'inſtant que je me fus fais annoncer, il me fit arrêter à côté de ſon Suiſſe, ſans vouloir me permettre de dire une ſeule parole. Je fus garotté avec des cordes ; on me mit dans un caroſſe, & je fus conduit tout droit dans le donjon de Vincennes, où je fus jetté en arrivant dans le cachot noir. En entrant dans ce lieu, je ne pus m'empêcher de m'écrier, hélas !.... eſt-ce donc ainſi qu'on rend juſtice à l'innocence !.... A ces mots un porte-clef, nommé Monchalain, me dit d'une voix rebarbative : „ On ne ſauroit trop vous accabler.... Vous êtes la cauſe qu'on a pendu le ſergent qui vous gardoit.

Oui cela eſt vrai ! ſi j'avois vu mettre le feu à un brâſier, pour y faire rougir plusieurs paires de tenailles pour m'arracher les entrailles. Oui..... oui, cette terrible vue n'auroit pas fait une auſſi cruelle impreſſion ſur mon cœur, que cette affreuſe parole que je crus véritable. Je perdis connoiſſance, ne ſentant aucun de mes maux perſonnels ; je tombai ſur ma poignée de paille, & pendant plus de deux mois, il me fut impoſſible de prendre un moment de repos. Dans l'obſcurité de ce cachot affreux, je n'avois devant les yeux, ſans ceſſe, que ce ſergent ! Il étoit innocent, car il avoit fait tout ce qui étoit dans son pouvoir pour m'arrêter ; & ce n'étoit nullement de sa faute si j'étois & plus adroit & plus vigoureux que lui ; & à tout instant, grand Dieu !.... je le voyois monter à la potence... je voyois l'officier des hautes-œuvres lui arracher la vie... puis couper la corde, & le laisser tomber comme un sac de terre... Ah ! quel spectacle, bon Dieu ! pour un honnête homme, que d'avoir sans cesse devant les yeux, un pauvre malheureux qu'il a fait prendre.... Oui, j'ose dire que toutes les furies de l'enfer n'auroient pu ajouter quelque chose à mon martyre. Que si depuis l'instant qu'on m'eut dit cette abominable fourberie, il est entré dans ma bouche un morceau de pain, un verre d'eau ; je ne prenois cette triste nourriture, que dans l'espérance que Dieu me feroit un jour la grace de venger la mort de cet innocent. Et comme je ne pouvois le bannir de ma vue, infailliblement j'aurois perdu l'esprit ; je serois devenu enragé comme ce pauvre Dalegre, si Dieu, touché de ma peine, n'eût eu pitié de moi de la maniere suivante :

Nuit & jour je faisois des cris épouvantables !... Dieu...! oui Dieu donna la hardiesse à une sentinelle, nommé Ar... Lorrain de s'approcher de la porte de mon cachot ; à minuit précises : Et ce brave homme me cria le plus bas qu'il le put : » monsieur, ne vous désespérez pas, Dieu aura pitié de vous, il mettra fin à votre peine.--- Ah ! mon ami ! lui dis-je, il n'est plus possible de mettre fin à ma peine.... Jamais je ne pourrai oublier que je suis la cause que ce pauvre Vielcastel a été pendu ! -- Que me dites-vous, reprit-il, monsieur? que vous êtes la cause qu'on a pendu Vielcastel, notre sergent ?.... Oui.--- Eh! Monsieur, on vous a trompé, il est aujourd'hui de garde au donjon. Il est bien vrai qu'il a été mis au cachot avec lés autres sentinelles qui vous gardoient ; mais le lendemain de votre arrivée, on leur a rendu leur liberté, &c.

Si la douleur me fit perdre connoissance, la joie m'ôta la parole ; tous les organes de mon corps se dilaterent. Ma bouche s'ouvrît, je ne pouvois plus la fermer. Je me jettai sur la terre ; je le pressai de mes bras, en y appuyant ma bouche.... Je la baisois, comme si cette terre eût été les pieds, le corps de Dieu même, en reconnoissance de la grande grace qu'il venoit de me faire. Car, je serois devenu enragé si j'étois resté encore un mois dans un état si terrible.

Oui, si on m'avoit dit : on vient d'assasſiner votre pere, votre mere, n'y ayant point de ma faute ; à la longue, il auroit été poſſible que je me fuſſe conſolé de ce malheur, tel douloureux m'eût-il paru d'abord. Mais jamais !... au grand jamais, je n'aurois pu avoir un moment de repos, ni me conſoler d'avoir été la cauſe qu'un brave homme, qu'un innocent eût été pendu. C'eſt une épine qu'il eſt impoſſible d'arracher du cœur d'un homme de probité ; & j'oſe dire que Cicéron, Démoſthenes, & J. J. Rouſſeau, avec toute leur éloquence, ne pourroient peindre la centieme partie des maux que je ſouffris. On ne devroit pas permettre de pareilles fourberies, capables de faire étrangler un homme ſenſible, ou qui n'auroit point de religion ; ou tout au moins de le faire devenir enragé. S'il eſt permis d'ôter la vie à un criminel dans les ſupplices, je ne crois pas permis de la lui prolonger dans de pareilles cruautés.

Le neuf juillet 1777, un gentilhomme de mes amis dîna avec monſieur Bouchet, premier ſecrétaire de monſieur Lenoir, lieutenant-général de police ; il y fut queſtion de moi ; & ce ſecrétaire lui dit, ſavez-vous combien ce monſieur a déja coûté au roi ? deux cents dix-ſept mille livres. Or, d'après l'injuſtice affreuſe dont il eſt démontré que je ſuis la victime ; car on a violé dans ma perſonne toutes les lois divines & humaines ; je ne crois pas qu'aucun tribunal de juſtice pût me refuſer de me faire donner, en dédommagement, par mes perſécuteurs vivans, ou ſur les biens de ceux qui ſont morts, la même ſomme qu'ils ont fait dépenſer injuſtement au roi pour me faire périr.

Fin de la ſeconde Partie.

TROISIEME PARTIE.

La mort du roi Louis XV, arrivée, le dix mai 1774, il y avoit vingt-cinq ans que j'étois dans les prisons. L'année suivante, monsieur de Malsherbes, ministre, & monsieur Albert, lieutenant-général de police, vinrent visiter tous les prisonniers du donjon de Vincennes : j'eus le bonheur de les voir. M. de Malsherbes fut le premier à me promettre de me rendre la liberté au premier jour. Il eut la bonté de s'informer si j'avois de quoi vivre en sortant d'une aussi longue captivité. Quelques jours après, il m'envoya demander, par monsieur de Rougemont, lieutenant de roi, un mémoire des hardes dont j'avois besoin pour ma sortie. M. Amelot remplaça bientôt ce respectable ministre; mais à la place de monsieur Albert, ce fut hélas ! monsieur le noir qui fut fait lieutenant de police.

Monsieur de Saint-Vigor, contrôleur-général de la maison de la reine, s'adressa à monsieur Amelot, pour solliciter ma sortie. Ce ministre me la rendit bientôt. L'exempt m'en apporta l'ordre le cinq juin

1777, m'enjoignit de me rendre chez M. le Noir, pour parler à ce magiſtrat, qui m'indiqua lui-même l'endroit où je devois toucher l'argent que me devoit envoyer ma famille. Le lendemain, je me rendis à l'hôtel de la police. J'aſſurai monſieur le Noir de mon reſpect, & lui demandai la permiſſion d'aller à Verſailles pour remercier le miniſtre qui avoit délivré l'ordre de ma ſortie, & monſieur de Saint-Vigor, qui avoit bien voulu la ſolliciter. Ce magiſtrat me l'ayant accordée, je me rendis d'abord chez monſieur de Saint-Vigor, qui m'envoya chez monſieur Amelot, en me recommandant de demander monſieur Riviere, commis de ce miniſtre, & monſieur Robinet, premier commis, qui me dit que ma famille déſiroit ardemment de me voir, que je lui devois bien cette ſatiſfaction, en me rendant au plutôt à ſes deſirs.

M. Riviere m'introduiſit lui-même dans l'appartement de ce miniſtre, mais comme il étoit à s'entretenir avec un ambaſſadeur, je ne pus lui faire mes remerciemens de la grace qu'il m'avoit accordée. Le lendemain, je me rendis de nouveau chez M. Riviere, pour le prier de me faire obtenir une audience de M. Amelot, afin de lui parler de mes affaires. J'eus l'honneur d'entretenir

tretenir ce miniſtre, & de lui remettre quelques-uns des projets que j'avois fait pendant ma captivité, & dont j'avois appris, depuis ma ſortie, qu'on s'étoit ſervi. Je le priai de vouloir bien les examiner, & de me dire enſuite ce qu'il en penſeroit. Après les avoir lus attentivement, il me dit, en parlant de mon projet militaire, que s'il étoit vrai que j'euſſe rendu ce ſervice, & que je n'en euſſe point été récompenſé, il lui paroiſſoit équitable que je le fuſſe; & que pour cela, je devois préſenter au roi un placet.

Je touche au plus douloureux des inſtans de ma vie. J'en frémis encore en y penſant, je vais rappeller le moment où toutes mes eſpérances s'évanouirent, indiquer le jour, où repouſſé au fond de l'abyme que j'avois ſu franchir, je le vis pour jamais refermé ſur ma tête.

Je m'étois fait une loi de ſoumettre à M. Riviere le placet que je me propoſois de préſenter au roi & au miniſtre, qui le trouva bien. M. le prince de Beauveau, capitaine des gardes, à qui j'eus l'honneur de demander permiſſion de préſenter mes papiers, eut auſſi la bonté d'approuver tout ce qu'ils contenoient, & de les ſigner ſelon l'étiquette. Il m'inſtruiſit que je devois les préſenter au roi à la porte de la chapelle, quand il iroit à la messe. Ce prince exigea même de moi un récit exact de toutes mes aventures, & l'écouta, j'ose le dire, avec le plus grand intérêt ; je remis ensuite mes papiers à sa majesté. Au bout de douze jours, quand j'allai demander la réponse de mon placet, le ministre auparavant si disposé en ma faveur, ne me fit qu'un accueil froid & réservé, qui, je l'avoue, me fit concevoir un triste pressentiment de nouveaux malheurs. Pour toute réponse, on m'enjoignit de retourner promptement dans ma province. J'obtins un délai de huit jours, pour me munir des choses qui m'étoient nécessaires, & je retournai à Paris le 10 juillet. Je me rendis, sur une lettre d'invitation du lieutenant-général de police, à l'hôtel de ce magistrat : j'en reçus un ordre précis de retourner dans ma province, je lui promis une prompte obéissance, & en effet je pris le lendemain le coché d'Auxerre.

Le 15 juillet, j'étois à quarante trois lieues de Paris, à Saint-Brien, deux lieues au dessus d'Auxerre, véritable route de l'endroit où il m'étoit ordonné de me rendre ; un coup de foudre m'auroit moins frappé que ne le fit la vue d'un inspecteur de police, nommé Marais, qu'on avoit envoyé en poste sur mes traces. Il m'arrêta, me fit reprendre la route de Paris, me conduisit dans la prison du petit Châtelet, où je fus mis au secret. Trois jours après, le commissaire Chenon pere, vint se saisir de tous mes papiers, parmi lesquels on n'en trouva sans doute aucuns contre la religion, le gouvernement & les lois. Le premier août 1777, du petit Châtelet je fus transféré à Bicêtre, & jetté dans un cachot à dix pieds sous terre. On ne daigna pas m'instruire d'une détention aussi inattendue, aussi rigoureuse; on se contenta de me dire avec brutalité, en me renfermant dans mon cachot, que je serois roué de coups de bâton, si j'osois écrire à M. Amelot.

Cet événement, joint aux circonstances qui l'ont précédé, accompagné & suivi, a toujours été pour moi une énigme incompréhensible, quelques efforts que j'aie faits pour en pénétrer la cause. L'ame la plus dure ne pourra, je crois, s'empêcher de convenir que la faute de jeunesse qui avoit occasionné ma premiere détention, n'eût été suffisamment expiée par vingt-sept années de captivité. Cette faute d'ailleurs étoit en effet pardonnée, puisqu'on m'avoit accordé mon élargissement; & il est certain, & sera par la suite avéré, que, depuis le 6 juin, époque de ma liberté, jusqu'au 25 juillet qu'elle me fut de nouveau ravie, ma conduite avoit été parfaitement innocente, & mes propos circonspects, jusqu'au silence le plus exact. Pourquoi donc M. Amelot, qui m'avoit paru favorablement disposé lors de ma premiere visite, me sembla-t-il tout-à-fait refroidi la seconde ? Pourquoi me donner l'ordre de quitter Paris & de retourner dans ma province ? Pourquoi enfin, dans le moment où j'exécute ponctuellement cet ordre, me faire arrêter à quarante-trois lieues de Paris ? & pourquoi, sur-tout, faire enfermer un homme, auquel on ne pouvoit reprocher aucun crime, dans un cachot souterrein de Bicêtre ?...... Séjour affreux, qui n'a jamais été destiné qu'aux plus grands scélérats, souillés des plus noirs forfaits, & auxquels des raisons politiques ont voulu sauver les derniers supplices.

La lettre choquante que j'avois adressée à M. de Sartines étoit-elle ignorée de M. Amelot lorsqu'il m'acccorda ma liberté ? lors même de ma premiere visite ? .... En auroit-il été informé depuis par M. de Sartines ; & seroit-ce pour se venger encore de cette lettre que ce lieutenant de police, devenu ministre de la Marine, auroit sollicité ma nouvelle détention ? Il n'est pas vraisemblable que M. de Sartines, sans autre motif, eût poussé aussi loin le ressentiment d'une offense déjà très-ancienne, déjà expiée, & dont le désespoir seul dans lequel il m'avoit plongé lui-même, avoit été l'unique cause; & ce motif ne paroît pas suffisant pour expliquer une aussi grande rigueur. Mais j'avois été traité de lui avec beaucoup de cruauté, & je puis dire d'injustice; il n'ignoroit pas d'ailleurs que je serois tenté d'écrire; & il paroît plus probable que voilà le véritable crime qui a occasionné mon nouveau malheur, & qui a fait désirer à M. de Sartines & à son ami M. le Noir, de me soustraire à tous les regards & à m'ensevelir dans l'oubli le plus profond; voilà ce qui les a engagés à faire choix d'un cachot souterrein de Bicêtre pour me servir de prison ou plutôt de tombeau; & cette explication est la seule qu'on puisse donner à un choix qui, sans elle, ne pourroit certainement paroître qu'absurde & inconcevable.

Si cette explication avoit besoin de confirmation, elle la recevroit de la bouche de M. le Noir lui-même, qui ne pouvoit cet hiver s'empêcher de témoigner aux personnes qui sollicitoient mon élargissement, les craintes qu'il avoit que *je n'écrivisse*; & qui ne cessoit de leur répéter que s'il me lâchoit une fois, je ne manquerois pas *d'écrire* auſſi-tôt que je ſerois en liberté.

Au reſte, j'ai été tellement oublié dans ce cachot que j'y ai paſſé ſix années ſans voir un ſeul juge, ni avoir été interrogé une fois; & que le ſeul interrogatioire que j'aie ſubi, eſt du 21 Avril (1783) dernier.

INTERROGATOIRE.

MONSIEUR le Noir. Votre tête eſt-elle raſſurée ? de tems en tems n'avez-vous pas encore de petites folies ?

Latude (avec étonnement.) Je n'ai jamais donné de preuves d'avoir perdu l'eſprit.

M. le Noir. J'ai lu vos lettres.

Latude. Les avez-vous lues en ma préſence ?

M. le Noir. Non.

Latude. Mais il n'eſt pas permis de punir un homme ſans entendre ſa défenſe.

M. le Noir. Mais vous avez échappé de la Baſtille , de Vincennes ; ce ſont là des folies.

Latude. Si vous appellez folies des traits d'eſprit , cela eſt différent ; mais je ne crois pas que perſonne au monde , ni aucun de ceux qui ſont ici à m'écouter , penſent qu'il y ait de la folie à échapper de ces redoutables demeures (il y avoit trente perſonnes préſentes ,) il faut au contraire avoir une bonne tête , & l'eſprit très-préſent , pour réuſſir à de pareilles opérations. (Tous ceux qui m'écoutoient , ont dit : ma foi il y a plus d'eſprit que de folie.

M. le Noir. Avez-vous cherché à échapper de cette maiſon ?

Latude. Non monſieur.

M. le Noir. Et pourquoi ayant échappé des autres maiſons, n'avez-vous pas eſſayé à échapper de celle-ci ?

Latude. J'ai échappé des autres priſons, parce que j'avois à faire à une partie qui n'entendoit ni rime ni raiſon ; mais, dans cette maiſon, j'ai toujours eſpéré qu'on me rendroit la juſtice qui m'eſt due.

M. le Noir. Qui eſt votre partie ?

Latude. Monſieur, permettez-moi de vous taire ſon nom.

M. le Noir. Pourquoi ? Vous n'avez qu'à le dire.

Latude. C'étoit madame de Pompadour.

M. le Noir. Mais vous avez eu pluſieurs traits de folie.

Latude. Ceux qui vous ont dit cela vous en ont impoſé : jamais je n'en ai eu ; & je vous ſupplie de vous ſouvenir du bon rapport que les moines de Charenton vous firent, en 1776, de ma bonne conduite, & qu'en conſéquence vous me promîtes ma ſortie au premier jour. Voilà ſix ans que je ſuis ici au cachot, à dix pieds ſous terre, au pain & à l'eau, & je demande le le premier pour quel crime j'ai ſubi un traitement auſſi rigoureux ? Or, ſi j'avois été affecté de la moindre folie, il eſt ſans doute que dans ce lieu affreux j'en aurois donné quelque ſigne ; car, ſans les ſecours généreux d'une dame vertueuſe, j'y ſerois mort de miſere.

M. le Noir. N'eſt-ce pas madame Roſſignol ? (il avoit oublié le nom de la dame dont il vouloit parler.)

Latude. Non, monſieur ; mais elle m'a envoyé des ſecours ſur le récit qu'un priſonnier lui fit de ma triſte perplexité. Or, vous n'avez qu'à demander à M. Triſtan que voilà, M. le capitaine, à M. le lieutenant, ſi depuis ſix ans que je ſuis ici, j'ai donné le moindre ſujet de plainte. (Ces meſſieurs répondirent unanimement que non, & M. Triſtan ajouta même que M. le chevalier s'intéreſſoit au ſort de Latude.) Un fou n'eſt pas toujours maître de ſa tête ; ſi je l'étois, préſentement que je ſuis en votre préſence, & celle de tant de perſonnes reſpectables qui vous entourent, il eſt hors de doute que je vous aurois lâché quelques extravagances ; je ne crois pas que j'aie proféré une ſeule parole qui puiſſe faire juger que j'aie perdu l'eſprit.

M. le Noir. Non ; mais votre liberté vous a été rendue.

Latude. Oui, monſieur, le 6 juillet; & je vins vous remercier & vous demander la permiſſion d'aller à Verſailles pour remercier le miniſtre & monſieur de Saint-Vigor, contrôleur-général de la maiſon de la reine, qui l'avoit ſollicitée. Ce monſieur étoit un bon ami de feu mon pere; il me dit de m'adreſſer à monſieur Riviere, commis de monſieur Amelot; qu'il étoit inſtruit, & me diroit tout ce que j'avois à faire. Or, il eſt évident que j'ai ſuivi tous ſes bons conſeils au pied de la lettre pendant quarante jours que j'eus ma liberté. Il eſt conſtant que je ne proférai pas une parole qui pût déplaire à perſonne; & néanmoins, malgré ma bonne conduite, retournant dans le ſein de ma famille, je fus arrêté à quarante lieues de Paris, & mis dans un cachot à Bicêtre, & voilà la premiere occaſion que j'aie eue de demander pourquoi j'y ai été conduit.

M. le Noir. Connoiſſez-vous vos ennemis?

Latude. Je ne les connois, ni ne veux les connoître.

M. le Noir. Mais vous ſoupçonnez quelqu'un? (Ceux qui étoient avec M. le Noir dirent: il faut le dire ſi vous les connoiſſez, on veillera à votre conſervation.)

Latude. Puiſque vous voulez que je le diſe, je crois que c'eſt monſieur de Sartines ; votre bon ami, qui me perſécute.

M. le Noir. Il eſt vrai que monſieur de Sartines eſt mon ami ; mais, enfin, où prétendez-vous aller? vos papiers ſont ſous les yeux du roi.

Latude. S'il n'y a que mes papiers ſous les yeux du roi, je dois bien eſpérer, parce qu'ils ne contiennent que des choſes juſtes & équitables, & je ne ceſſe d'adreſſer au ciel des prieres pour la conſervation de ſes jours précieux, & de toute la famille royale.

Fin de l'Interrogatoire du 22 *août* 1781.

Tout ce qui ſuivit ma derniere détention, fut calculé pour épaiſſir l'obſcurité dans laquelle on vouloit enſevelir ma malheureuſe exiſtence, & pour écarter le peu de perſonnes qui pouvoient y prendre part ; & rien ne fut épargné pour me priver de tout appui, & me faire tomber dans un abandon univerſel.

Un gentilhomme de mes amis ayant été à l'hôtel de la police pour s'informer du crime que j'avois commis, on ne ſe fit pas ſcrupule de lui répondre que j'avois été chez une dame de condition pour lui tirer de l'argent, en l'intimidant par des menaces.

Quelque tems après, monſieur le préſident de Gourgues, en faiſant la viſite de Bicêtre, me découvrit dans mon cachot. Le ſeul mot de trente-trois ans de captivité le fit frémir, il daigna s'intéreſſer à mon ſort; mais on l'aſſura que ce laps de tems n'avoit encore pu modérer ni mes emportemens, ni mes violences.

M. le vicomte de la Tour-du-pin, ému d'une ſemblable compaſſion, voulut bien auſſi faire quelques démarches en ma faveur auprès d'une perſonne en place ; mais on l'écarta, en diſant que j'étois détenu par un ordre particulier du roi. Ainſi, on faiſoit des réponſes différentes ſuivant l'état & le caractere des perſonnes qui ſollicitoient ma liberté, & on choiſiſſoit pour chacune celles qui étoient les plus convenables à leur état, & à les diſſuader de s'intéreſſer davantage à mon ſort.

La contrariété de ces réponſes ſuffiroit ſeule pour prouver qu'elles n'étoient que des prétextes inventés pour ſe débarraſſer de mes ſollicitations. La fauſſeté de la premiere eſt démontrée par cela ſeul qu'on a ceſſé de l'articuler, puiſque de toutes il n'y avoit qu'elle qui pût juſtifier en quelque ſorte la rigueur dont on me traitoit.

Il n'en exiſte d'ailleurs aucunes traces dans les bureaux de la police, qui ont été compulſés cet hiver par les perſonnes qui ſollicitoient ma liberté, & qui auroient ceſſé de s'intéreſſer à moi, ſi j'euſſe été coupable d'un crime auſſi honteux. Enfin ce qui complette mon innocence, c'eſt que monſieur de Sartines & monſieur Lenoir ſont convenus, devant témoins, que ce crime ne m'avoit jamais été imputé ; & l'on voit en conſéquence qu'il n'eſt fait aucune mention de cette accuſation dans l'interrogatoire que m'a fait ſubir M. Lenoir, le 21 avril dernier.

A l'égard de la folie & des emportemens

qu'on m'y reproche, quand j'aurois eu réellement l'eſprit aliéné par la longueur & par l'excès des maux ; & quand, dans l'horreur de ma priſon, j'aurois eu le malheur de me livrer quelquefois au déſeſpoir, eſt-ce en prolongeant les tourmens qui m'auroient mis dans cet état, qu'on prétendoit les faire ceſſer ? Eſt-ce au fond d'un cachot ſouterrein qu'on doit renfermer un homme innocent, dont les longues douleurs auroient troublé la raiſon ? Et la juſtice & l'humanité ne ſont-elles pas également révoltées d'un ſemblable traitement ? Si j'étois effectivement en démence, ce ne ſeroit à Bicêtre, ni encore moins dans un cachot que je devrois être renfermé ; mais dans un des aſyles deſtinés au traitement de cette maladie. Je pourrois en ce cas réclamer, à bien juſte titre, les ſoins qui ſont dûs à tous les infortunés qui ſont dans cet état ; & j'y aurois certainement des droits plus inconteſtables que perſonne, puiſque ce malheur ne pourroit être que l'effet des longues rigueurs dont j'ai été accablé, & auxquelles mon eſprit auroit enfin ſuccombé.

Mais graces au Ciel, cette imputation eſt auſſi fauſſe que la premiere : j'eſpere que la lecture de ces mémoires, auxquels je ne mets aucunes prétentions d'écrivain, en avouant qu'ils ſont de moi, ſuffira ſeulement pour convaincre que ma raiſon n'eſt pas plus égarée, que ma mémoire aliénée : & mon confeſſeur, mes gardes, les adminiſtrateurs de la maiſon où je ſuis détenu, & depuis que je ſuis ſorti du cachot, mes conſorts de détention, tous enfin ſont prêts à rendre témoignage de ma patience & de ma douceur.

Enfin le Ciel ayant accordé un Dauphin aux vœux de la France, le roi eut la bonté de nommer une commiſſion, qu'il chargea de faire grace à tous les priſonniers qui ne ſeroient pas prévenus de crimes capitaux. Monſieur le cardinal de Rohan, préſident de cette commiſſion, m'entrevit au fond de mon cachot en faiſant la viſite de Bicêtre, il prit pitié de la miſere extrême dans laquelle j'étois plongé, & me promit d'examiner mon affaire avec les yeux de la juſtice & de la compaſſion. Il commença à me faire ſortir du cachot, en me laiſſant eſpérer qu'il me rendroit bientôt ma liberté ; il me rendit au moins la lumiere, & me fit mettre, en attendant l'autre, à la chauſſée de Bicêtre, où je ſuis encore au pain & à l'eau. Et c'eſt de ce lieu honteux, où, confondu comme je le ſuis avec le rebut de la ſociété, que comptant toujours ſur l'accompliſſement des promesses de monsieur le cardinal, j'ai trouvé encore le moyen de faire passer en des mains sûres la premiere partie des mémoires que vous lisez.

Quelques personnes considérables en les lisant, furent touchées de l'excès de mes malheurs, & daignerent solliciter mon élargissement. M. le Noir ayant appris, ou par elles, ou je ne sais comment, que j'étois sorti du cachot; ayant su les espérances que monsieur le cardinal m'avoit données, & voyant sur-tout l'éclat que ce mémoire commençoit à faire, & l'intérêt qu'il inspire, *se montra disposé à écouter favorablement les sollicitations qu'on lui feroit; promit à plusieurs reprises de m'accorder ma liberté; fit espérer qu'elle seroit plutôt obtenue par lui* que par le moyen de la commission, & *empêcha* de cette maniere *qu'on ne fît des démarches auprès d'elle.*

M. le Noir, en confirmation de ses promesses, demanda que quelqu'un se présentât pour répondre de ma conduite. Une dame charitable s'offrit pour remplir cette formalité. A la vérité cette dame effrayée des suites que des gens officieux ne manquerent pas de lui faire envisager que cette démarche pourroit avoir pour elle, différa quelque tems de faire les soumissions qu'on exigeoit. Mais enfin après

après bien des longueurs & des délais ; monsieur le Noir, vaincu par de nouvelles instances, envoya chercher cette dame, lui promit positivement ma liberté ; la rassura sur ses craintes, & l'engagea à *donner ce cautionnement qui fut enfin signé*, & qui existe dans les bureaux de la police.

En apprenant ces détails, je crus toucher au moment qui doit mettre fin à mes malheurs ; & l'espérance d'une délivrance prochaine ne me les faisoit déja oublier. Mais hélas ! quelle est la fatalité qui me poursuit ? & qu'on se représente s'il est possible l'accablement affreux dans lequel me plonge aujourd'hui la triste nouvelle que je reçois, qu'après des espérances bien fondées, des paroles aussi positives, le ministre refuse de m'accorder ma liberté ; assure que le roi me regarde comme un homme atroce & dangereux, & déclare que mes longues souffrances n'auront d'autre terme que celui de ma vie.

Quel mystere inconcevable renferme cette funeste déclaration du ministre, & comment peut-on l'accorder avec les promesses que M. le Noir n'a cessé de faire aux personnes qui ont daigné le solliciter en ma faveur ? S'il est vrai que le roi ait prononcé ces terribles paroles, qui sont pour moi l'arrêt de la mort la plus cruelle ;

s'il eſt vrai qu'il ait de moi cette idée *d'atroce*, quel compte faut-il qu'on lui ait rendu de ma conduite ? Quel portrait affreux lui aura-t-on fait de moi ?

Le roi ne connoît ni ne peut aſſurément connoître les priſonniers qui ſont détenus en vertu des ordres donnés en ſon nom, & ne peut rien ſavoir de ce qui les concerne, que d'après l'expoſé qu'on lui fait de leur caractere & de leurs actions. La juſtice & la bonté du roi étant connues, on peut donc toujours, d'après le rapport qu'il entendra faire d'un priſonnier, prévoir quels ordres il donnera à ſon égard : & celui qui lui fait ce rapport, ſans qu'aucun contradicteur lui ſoit oppoſé, ni que le priſonnier puiſſe être entendu dans ſes défenſes, eſt donc, pour ainſi dire, le maître de déterminer la volonté du roi, & lui dicte (ſi l'on oſe ainſi parler) en quelque ſorte ſa déciſion.

M. Amelot eſt perſonnellement auſſi peu inſtruit de ma conduite que le roi lui-même, & ne peut rien ſavoir que par le compte que M. le Noir lui en rend ; & par conſéquent M. le Noir a déterminé le rapport que M. Amelot fait au roi de moi, auſſi néceſſairement que celui de M. Amelot va déterminer la déciſion de ſa majeſté.

Comment donc ſuppoſer que M. le Noir

fût ſincere quand il promettoit de m'accorder ma liberté, tandis qu'il étoit réſolu de moi à M. Amelot un compte qui le forceroit de faire au roi un portrait de mon caractere, qui devoit déterminer ſa majeſté à me retenir à jamais dans la plus triſte captivité ?

M. le Noir pourroit-il donc être en effet ſincere, ou s'il ne l'étoit pas, quel pouvoit être le motif de cette diſſimulation, & le but qu'il ſe propoſoit par cette feinte ?.... On ſe perd en y penſant ; & mes malheurs ſont en vérité ſi grands & ſi extraordinaires, qu'il eſt auſſi difficile de les comprendre, que de les ſupporter.

S'il eſt poſſible de ſuppoſer que M. le Noir fût ſincere dans le tems qu'il promettoit de m'accorder mon élargiſſement ; la ſeule cauſe qu'on puiſſe ſoupçonner de ſon changement de volonté à mon égard, ne peut s'attribuer qu'à l'endroit, vers la fin de mon interrogatoire, où il m'a, pour ainſi dire, forcé d'avouer que je croyois que M. de Sartines étoit mon ennemi, & où il déclare lui-même au contraire que M. de Sartines eſt ſon ami. Mais ſi telle eſt la raiſon du changement des diſpoſitions de M. le Noir, & ſi ce ſeul mot prononcé a décidé ma perte, je puis dire que je ſuis tombé dans un piege bien funeſte, &

que je suis puni bien cruellement de ma simplicité.

Je supprime la foule des réflexions qui se présentent, & je demande comment on a pu me représenter comme un homme dangereux & atroce ? Comment on peut savoir qu'un homme qui n'a paru qu'un moment dans la société pendant son extrême jeunesse : un homme que toutes les personnes qui ont pu le voir dans la plus affreuse des captivités, disent avoir été pendant toute l'énormité de ces tems le plus résigné, le plus patient, le plus doux des hommes, & sont prêts à rendre unanimement ce témoignage encore satisfaisant pour lui.

Il est tems de finir ces mémoires, qui dans le tems désespéré où je suis, ne peuvent qu'accroître encore mes maux, en me rappelant leur cause, leur durée & leur excès. Ma premiere faute, quoique répréhensible, & que je suis bien éloigné de chercher à excuser, ne renfermoit du moins en elle-même aucune intention criminelle : elle recevroit même une sorte d'atténuation de mon inexpérience & de ma jeunesse ; & ce qu'on peut me reprocher depuis, mérite à peine le nom d'imprudence.

En réparation, j'ai langui douze mille

cent-ſoixante-trois jours dans les différentes priſons où j'ai été transféré ſucceſſivement. De ce nombre de jours, de ces jours dont chacun ſemble ſi long, couché ſur la paille ſans couverture, dévoré par des inſectes dégoûtans, réduit au pain & à l'eau pour toute nourriture, j'en ai gémi trois mille cent-ſoixante-ſept dans l'humidité & l'infection, dans l'obſcurité des cachots : & pendant douze cents-dix-huit de ces jours, ou plutôt de ces nuits perpétuelles & affreuſes, mes pieds & mes mains ont été meurtris & écorchés par les fers dont on m'enchaînoit.

Le plus grand criminel paroîtroit, ſans doute, déja trop puni par ces longs tourmens : qu'on compare ma faute à cet énorme ſupplice ; & qu'on diſe, d'après ce tableau, ſi l'on peut refuſer à mes malheurs une larme de pitié.

EXTRAIT

Du Mémoire de M. de Comeyras.

C'Est à l'occaſion de la naiſſance de monſeigneur le Dauphin, & lorſque le roi a nommé cette commiſſion dont l'objet eſt de faire grace aux coupables qui n'ont pas commis des crimes capitaux, que monſieur le cardinal de Rohan, qui la préſide, ayant été autoriſé à ſe faire ouvrir toutes les priſons, trouva le malheureux DE LATUDE dans la ſienne à dix pieds ſous terre, couvert de lambeaux, une barbe d'un pied & demi de long, n'ayant pour lit que de la paille, du pain & de l'eau pour alimens. Il eut l'humanité de lui faire donner une demeure plus ſupportable; & c'eſt à ſa bienfaiſance, à celle d'un grand nombre de perſonnes du premier rang, auxquelles M. le cardinal de Rohan a fait connoître ſon ſort, qu'il a dû les aumônes qui l'ont adouci.

Un ſcélérat noirci des plus grands crimes, les auroit trop expiés par trente-cinq années de captivité, & toutes les barbaries qui l'ont accompagné. Qu'on juge quelle pitié mérite un homme qui n'a fait qu'une faute qui n'intéressoit ni le roi ni rien de ce qui touche à sa personne, ni l'état, ni la société; une faute, dont les motifs n'avoient rien de criminel, que sa jeunesse seule excusoit, & que six mois de prison auroient suffisamment punie.

Il demande aujourd'hui qu'on lui rende sa liberté; mais ses ennemis s'y opposent encore: ne pouvant calomnier ses actions, ils calomnient ses pensées; ils le peignent comme un fou, noir, dangereux, ulceré d'une détention si longue & si cruelle, & dont la rage s'exhalera en injures & en libelles, dès qu'il aura la liberté d'en composer impunément. Hélas! ils le connoissent bien mal! Agé de soixante ans, accablé d'infirmités prématurées, n'ayant plus que quelques jours languissans, ce n'est pas à cette triste vengeance qu'il les destine. Il n'aspire qu'à les passer paisiblement, soit avec ce qu'il pourra retrouver de sa famille, soit auprès de quelques amis généreux qu'il doit à ses malheurs, & qui le connoissent assez pour répondre au gouvernement de tout ce qu'il fera le reste de sa vie......

ADDITION DU MÉMOIRE.

LE ſieur de Latude a enfin obtenu ſa liberté le 18 mars 1784, avec quatre cents livres de penſion. C'eſt un bienfait de monſieur le baron de Breteuil. Qu'il ſoit permis à l'auteur du mémoire qu'on vient de lire, de faire connoître ſa premiere & plus ancienne bienfaitrice, en lui rendant des actions de graces au nom de cet infortuné.

Une femme nommée madame le Gros, ſortant de ſa maiſon rue des foſſés Saint-Germain-l'Auxerrois dans le courant du mois de juin 1781, vit au coin d'une borne un paquet de papiers déja froiſſé, & couvert de boue : elle le ramaſſe, rentre chez elle, & lut ce qu'il renfermoit. C'étoit un mémoire qui expoſoit une partie des malheurs du ſieur de Latude, & qui étoit *ſigné Henri Maſers de Latude, priſonnier à Bicêtre, dans un cachot à dix pieds ſous terre, & au pain & à l'eau depuis trente-quatre ans.*

Ce mémoire étoit adreſſé à un préſident de Tournelle ; le malheureux priſonnier proteſtoit de ſon innocence & demandoit qu'on le transférât à la conciergerie, & qu'on qu'on lui fît ſon procès ſur tous les griefs que pourroient imaginer ſes ennemis.

Que madame le Gros ait été fortement émue en liſant ce mémoire : ce n'eſt pas ce dont on la loue. C'eſt l'effet qu'un malheur ſi long, ſi extraordinaire, auroit produit ſur l'ame la plus commune.

Mais qu'en apprenant le ſort d'un infortuné avec lequel elle n'avoit jamais eu de liaiſon d'aucune eſpece, qui n'exiſtoit même pas pour elle quelques heures auparavant, & qui n'avoit pour recommandation que l'excès de ſon malheur, elle ait réſolu de conſacrer ſa vie à lui faire rendre ſa liberté, & de ne ſe repoſer qu'après l'avoir obtenue, qu'elle ait perſiſté trois ans entiers ſans être un ſeul inſtant ni rebutée, ni effrayée des difficultés, des dégoûts, des dangers mêmes de toute eſpece qu'elle rencontroit ; c'eſt un acte de vertu & d'humanité qu'il faut d'autant plus admirer, qu'il n'en exiſte peut-être pas un ſecond exemple.

Elle avoit heureuſement un mari qui étoit digne d'en partager le mérite. Il alla chez le préſident de Tournelle, à qui le mémoire étoit adreſſé, & qui lui dit „ qu'il avoit vu cet infortuné ; qu'il avoit fait pluſieurs démarches pour lui rendre ſervice; mais qu'on lui avoit répondu que c'étoit un homme dangereux, un fou, ſujet à des accès de rage, tels que trente-deux ans de captivité n'avoient pas suffi à les amortir.

En apprenant cette réponse, & qu'on n'accusoit le prisonnier d'aucun crime, elle se douta que sa folie n'étoit qu'un prétexte inventé pour rebuter ses protecteurs, & empêcher qu'il ne fût secouru. Alors elle chercha à pratiquer dans le château de Bicêtre, quelques personnes par lesquelles elle pût arriver jusqu'à lui. Elle y réussit à force de tems & de peines, & s'en servit pour lui faire tenir une lettre, où elle lui marquoit : » J'ai trouvé votre mémoire, qui m'a beaucoup attendrie; accordez-moi, je vous en prie, votre confiance, je ferai tout ce qui est en mon pouvoir pour vous être utile. Envoyez-moi un détail bien circonstancié de vos affaires, & sur-tout ne me déguisez rien. Je ne signe pas, crainte de quelque malheur. »

Cet infortuné n'étoit pas accoutumé à trouver tant de pitié dans une inconnue. Il se livra à elle sans réserve, malgré le mystere qu'elle lui avoit fait de son nom, & lui a fait passer ce qu'elle demandoit. C'est sur cette espece de canevas que son mari dressa les mémoires. Après quoi, l'un & l'autre se mirent en mouvement pour lui chercher des protecteurs.

On ne dira pas toutes les peines qu'ils

eurent pour en trouver. Nés l'un & l'autre de parens honnêtes, mais ſans fortune ; ayant pour unique moyen de vivre, ce que le mari gagne à faire des éducations ; ils déroberent ſur leur plus rigoureux néceſſaire, de quoi payer les voitures qui les tranſportoient à Bicêtre, ou dans l'anti-chambre de ces gens, chez qui le pauvre n'a pas même le droit d'arriver crotté ; ou même à pluſieurs lieues de Paris, & partout où ils croyoient pouvoir découvrir des protecteurs à leur priſonnier. On n'en citera qu'un ſeul exemple.

On avoit dit à madame le Gros, qu'il y avoit une madame du Cheſne, femme-de-chambre de MADAME, qui en étoit fort bien traitée, & par qui elle pourroit faire parvenir un mémoire à cette princeſſe. Elle fit, pendant trois jours, des courſes dans tout Paris pour la découvrir : perſonne ne la connoiſſoit. Elle partit pour Verſailles, & elle apprit que madame du Cheſne étoit à Santeny, à ſept lieues de Paris. Elle y va, & la trouve partie depuis une heure. Alors il fallut revenir à Paris, la bourſe épuiſée, moitié à pied & moitié dans les voitures qu'elle rencontroit dans les chemins. Le lendemain elle retourna à Verſailles, parvint à faire parler à madame du Cheſne, & même en rapporta la promesse de présenter le mémoire de son prisonnier. Elle s'étoit donnée une entorse en allant chez cette dame, & n'en entreprit pas moins de revenir à pied à Paris. Mais après avoir horriblement souffert sur la route, elle tomba au haut de la montagne des Bons-Hommes, de fatigue, & accablée de douleurs, & hors d'état de faire un pas de plus. On la transporta chez elle, où elle passa six semaines dans son lit. Dès qu'elle put marcher, elle reprit le chemin de Versailles avec son mémoire : mais madame du Chesne refusa absolument de le présenter. Elle lui avoua qu'un de ses amis en qui elle avoit toute (1) confiance, lui avoit dit : « de se bien garder d'importuner la princesse pour un objet de cette nature : elle ajouta que le meilleur conseil qu'elle pouvoit lui donner à elle-même, étoit de se tenir tranquille, & de ne se plus mêler d'une affaire qui pouvoit la perdre, sans qu'elle pût être dédommagée du péril qu'elle couroit par une espé-

(1) On voit à cette réponse l'air des bureaux de M. Amelot, pris & rendu dans le langage politique & si censé d'un sieur abbé Chaus, fils d'une marchande de fil de la rue Mouffetard, devenu propriétaire de la charge de sous-précepteur des pages du roi, & conseiller depuis long-tems de madame Duch.... courtisan fin & délié, d'une prudence excessive, & seulement à l'affut des bonnes affaires qu'il peut lui faire solliciter sans péril.

rance un peu raiſonnable de réuſſir ».

Ce qui lui arriva alors chez madame du Cheſne, lui eſt arrivé cent fois depuis avec des gens bien plus conſidérables ; elle pénétra juſques à eux avec une patience toujours agiſſante, & que rien ne laſſoit. Elle n'avoit aucune peine à les émouvoir ; car tous les premiers mouvemens étoient bons ; mais tous les autres étoient foibles : & tout ſe terminoit par ne rien faire, ou du moins par ne rien obtenir.

C'eſt vers ce tems que naquit monſeigneur le Dauphin. On dit alors à madame le Gros que le roi inſtitueroit à cette occaſion un tribunal, dont l'objet ſeroit d'examiner les procès de certains coupables, & de leur faire grace quand ils n'auroient pas commis de crime capital.

Elle ſongea tout de ſuite à y faire comprendre ſon priſonnier ; pour cela il falloit intéreſſer monſieur le cardinal de Rohan, qui devoit préſider la commiſſion. Elle commença par gagner la femme du ſuiſſe, en lui racontant une partie de ſon hiſtoire. De-là, au bout de quarante ou cinquante viſites, elle parvint juſqu'au ſecrétaire. Il lui apprit que monſieur le cardinal avoit déja vu le priſonnier ; qu'il l'avoit fait retirer de ſon cachot ſouterrein, & lui avoit fait donner une demeure plus ſupportable,

& qu'il venoit même de lui envoyer un secours d'argent : qu'elle pouvoit compter qu'il s'intéressoit vivement à lui, & qu'il seroit compris parmi les accusés que la commission devoit examiner, & dont elle faisoit expédier la grace.

On ne dira pas comment ce malheureux prisonnier fut rayé de la liste où on l'avoit d'abord placé : heureusement nous n'avons plus à parler que des services que sa bienfaitrice lui a rendus.

Elle alla le voir dans Cabanon, dès qu'elle apprit qu'il y étoit ; elle y retourna tout aussi souvent qu'elle le put, sans se rendre suspecte, & sans se rebuter ni de l'éloignement, ni de la fatigue que le moindre mouvement lui causoit, vû qu'elle étoit grosse, & que sa grossesse étoit fort avancée. Il étoit presque nud, & manquoit de tout : elle lui acheta des bas, des chemises ; elle lui apporta une robe-de-chambre qui devoit le couvrir chaudement, & qu'elle lui avoit faite elle-même. Elle y joignoit tout l'argent qu'elle pouvoit dérober à son plus étroit nécessaire ; & quand il ne lui restoit plus rien, elle alloit encore le voir, & lui apportoit du moins des espérances & des consolations.

Voilà la plus petite partie des choses que madame le Gros a faites pour son prisonnier. On l'a appris beaucoup plus de lui que d'elle : car ſa modeſtie s'obſtinoit à tout cacher, hors les démarches qu'il falloit bien qu'elle avouât, parce qu'elles avoient tout Paris pour témoin. Heureuſement qu'on trouvera quelques détails qui manquent, dans une lettre qu'une des plus reſpectables protectrices de madame le Gros a écrite à l'auteur de ces mémoires, & qu'il va tranſcrire ici comme le meilleur moyen qu'il ait pour achever de la faire connoître.

„ J'ai appris, monſieur, que vous avez demandé à madame le Gros un mémoire détaillé de tout ce qu'elle a fait depuis trois ans, pour obtenir la liberté du ſieur Maſers. D'après les queſtions que je lui ai faites ſur ce qui contient le récit qu'elle vous a envoyé, je vois que ſa diſcrétion & ſa modeſtie ne lui ont pas permis de donner à cette bonne œuvre toute ſa valeur, & qu'elle s'eſt bornée à vous parler des démarches qu'elle a faites. Témoin depuis plus d'un an de l'activité, du courage, de la généroſité, de la conſtance, je pourrois même bien dire de l'acharnement qu'elle y a mis, & ſans lequel elle n'auroit jamais...... jamais réuſſi, j'ai le plus grand plaiſir à ſaiſir cette occaſion de vous en parler ".

„ Une belle action qui s'accomplit au

moment qu'on la projete, eſt déja une choſe aſſez rare ; mais une belle action qu'il faut ſoutenir pendant trois ans, avec une ſenſibilité & un courage inaltérables, aux dépens de ſon tems, de ſes propres affaires, de ſa ſanté & de ſa fortune, quand on n'en a pas, c'eſt ce que je n'avois jamais vu juſqu'à ce que j'aie connu madame le Gros. Beaucoup d'autres auroient pu former la même entrepriſe, en apprenant les malheurs du ſieur Maſers; mais pour réuſſir, il falloit une ſenſibilité, & une conſtance plus qu'ordinaire : il falloit celle qui anime & qui ſoutient madame le Gros «.

» Ni les détails, ni les refus, ni ſes eſpérances cent fois trompées, ni le refroidiſſement de ceux que tant de difficultés laſſoient, ni les inconvéniens perſonnels auxquels l'expoſoit le genre de bienfaiſance qu'elle exerçoit ; rien enfin ne l'a rebutée. Les repréſentations même de ceux qui, touchées de tant de générosité, prenoient le plus tendre intérêt à ſon bonheur, n'ont jamais modéré ſon zele. Il croiſſoit en progreſſion des difficultés, & je ne lui ai jamais vu plus d'ardeur pour reuſſir, que quand elle ſembloit ne devoir plus eſpérer. Sans autre ſecours que ſon courage, & dans un état de ſanté, qu'une groſſeſſe

groſſeſſe rendoit encore plus déplorable ; je la voyois ſans ceſſe l'année derriere s'épuiſer en courſes pénibles, pour obtenir non des ſecours pécuniaires, car elle les fourniſſoit elle-même à ſon priſonnier ; mais des protecteurs qui puſſent le ſervir. Elle communiquoit ſa ſenſibilité à ceux à qui elle parloit ; en gagnoit tous les jours de nouveaux ; n'en négligeoit aucuns, & ne ſongeoit à ſe repoſer que quand il n'y avoit plus rien «.

» C'eſt ainſi que ſans fortune, ſans crédit, ſans moyens perſonnels d'aucun genre, elle eſt parvenue à obtenir ce qu'elle avoit ſi long-tems, ſi ardemment déſiré «.

» Et quel étoit le but de tant de ſoins?... C'étoit de recueillir chez elle celui qui en étoit l'objet, de partager avec lui le fruit de ſes travaux, & ceux de ſon mari. Je lui ai quelquefois dit que ſa ſituation ne ſembloit pas lui permettre de ſe livrer à tant de généroſité. J'ai perdu mon fils, me répondit-elle ; j'ai promis à mon priſonnier qu'il occuperoit ſa place : s'il eſt jamais libre, je lui tiendrai parole. Elle oublioit, en parlant ainſi, qu'un autre enfant né depuis ne laiſſoit plus cette place vacante. La femme capable de dévouer ainſi toute ſon exiſtence au ſentiment d'humanité, & le mari qui le permet & l'approuve, sont deux êtres bien rares & bien respectables. «

» Comme je n'ai jamais vu madame le Gros qu'occupée entiérement de celui qu'elle a si bien servi, je suis à peine instruit de sa propre situation. Je sais seulement que née sans fortune, ses affaires sont encore plus gênées qu'elles ne devroient l'être; parce que venant de perdre son pere après des maladies fort longues, & par conséquent onéreuses, elle a voulu faire honneur aux dépens que ce malheur leur avoit fait contracter. C'est en remplissant ce devoir aux dépens de son nécessaire, qu'elle a encore trouvé les moyens d'aider le sieur Masers de tout ce qu'elle a pu dans sa prison: qu'elle n'a épargné aucuns des frais qu'entraînoient tant de démarches, & qu'elle se félicite aujourd'hui de l'avoir en partie à sa charge, si l'on ne trouve moyen d'ajouter quelque chose aux quatre cents liv. de pensiou qu'on lui a accordé.

J'ai l'honneur d'être, &c.

FIN.

LETTRE

De M. le Marquis de Beaupoil, *à M. de* Bergasse, *sur les ordres arbitraires.*

J'Ai l'honneur de vous envoyer, monſieur, l'hiſtoire d'un ſupplice de trente-neuf ans, ſouffert pour une extravagance de la premiere jeuneſſe, qu'un mois de priſon auroit aſſez ſévérement punie. Quel crime poſſible à toute la perverſité humaine peut mériter une auſſi longue durée de tourment ? De quels attentats une pareille torture pourroit-elle n'être que la juſte expiation ?

Dans les grandes atrocités que la vengeance, emportée à ſes dernieres fureurs, a fait commettre ſur la terre, on voit promptement arriver la mort. Le ſang de la victime, s'il fait couler des pleurs, marque au moins l'inſtant où l'on va ceſſer d'entendre ſes cris, de voir ſes convulſions. Le repos dont elle va jouir laiſſe reſpirer l'ame du ſpectateur qui n'emporte que l'horreur & l'effroi des bourreaux. Mais, monſieur, être pendant trente-neuf ans, ſans connoître d'autre ſentiment que les alarmes & les frayeurs; ne connoître pendant trente-neuf ans que des priſons obſcures, que des cachots ſouterreins, inondés d'eaux croupiſſantes; anéanti ſous le poids d'énormes chaînes, ne voir jamais, pendant trente-neuf ans, que des geoliers & des reptiles : voilà, je crois, réuni dans un ſeul tableau, tout ce que l'induſtrie de la plus habile & de la plus implacable cruauté puiſſe enfanter. Aucun homme ſur la terre n'a pu trouver le degré de conſtance néceſſaire, dans ſa rage, pour projetter, ſuivre & conſommer une pareille œuvre de férocité. S'il pouvoit avoir exiſté, ſon nom, trop exécrable, ainſi que ſon forfait, devroient être enſevelis dans l'oubli. Pour l'honneur de l'eſpece humaine, qu'il importe de ne pas faire haïr, on doit taire ceux de ces excès qui la placeroient au-deſſous des tigres & des pantheres.

Hé bien! Monſieur, ce forfait, que le reſpect pour l'humanité, que l'intérêt des mœurs ne permettent pas de ſuppoſer dans un individu, eſt devenu le régime d'un gouvernement. Le peuple qu'il menace inceſſamment, eſt le plus doux, le plus aimant, le plus ſoumis, le plus généreux de l'univers. C'eſt inutilement que les lois le proſcrivent, que les magiſtrats tonnent ſur ſa funeſte inconſéquence, que la raiſon, l'humanité, l'intérêt du trône, celui des ſujets, font entendre leurs réclamations, par la voix de la philoſophie. Depuis monſieur le cardinal de Richelieu, monſieur de Latude, n'eſt pas le dix millieme, que cette horrible juriſprudence ait enſeveli pendant la plus belle & la plus grande partie de ſa vie : il n'eſt pas même un des plus malheureux. Tout Paris a été voir à Vincennes les tourniquets, les gênes, les fauteuils hériſſés de pointes, les contre-portes armées de mille poignards. L'imagination de Milton, dans la deſcription de l'arſenal des Euménides, feroit moins noire & moins inventive, que ne l'a été en France la vengeance de l'adminiſtration.

Qu'il feroit cher à l'humanité, qu'il feroit immortel le nom de l'homme dont les lumieres & l'éloquence viendroient attaquer & déchirer ce code infernal ! Oui, le ſouverain devroit l'écrire ce nom ſur ſon trône, & les Français, le placer à la tête de leurs cantiques. Quelques écrivains célebres ont eſſayé de le combattre ; mais ils ne l'ont conſidéré preſque que comme l'objet d'une diſcuſſion de juriſprudence ; ils ont été, par une marche trop didactique, s'égarer dans les ſiecles paſſés, pour y faire des recherches ſur des formules vaines. Hé ! qu'importe aux droits les plus ſaints des hommes, aux plus majeurs intérêts d'un grand empire, qu'un monarque trompé ait fait, il y a quelques ſiecles, des lettres-patentes ou des lettres cloſes, ſcellées en cire jaune ou en cire verte ! Un crime, parce qu'il eſt ancien, ſeroit-il devenu néceſſaire ? Parce que les Druides ſacrifioient des victimes humaines dans leurs plus grandes fêtes, faudroit-il égorger quelques centaines d'hommes, ſur la terraſſe des Thuilleries, le jour de Saint-Louis ; ou ce qui ſeroit plus barbare encore, les enterrer vifs ſous les voûtes de la Baſtille ?

Non, ce n'eſt point avec cette froide & timide logique, qu'il falloit s'armer contre l'un des plus grands fléaux qui aient flétri & mutilé l'eſpece humaine. Il falloit oſer dire, que dans un pays où le moindre membre du corps adminiſtratif peut attirer un ſupplice inſupportable ſur la tête d'un innocent ; où le méchant qui a de l'or trouve le moyen de faire charger inutilement de fers l'honnête homme qu'il a intérêt de perdre ; où il eſt poſſible à un eſpion, par une calomnie, de faire jetter un citoyen irréprochable dans un cachot ; où un mari de mœurs licencieuſes a le pouvoir de ſe débarraſſer de la femme malheureuſe, qui gêne ſon libertinage ; où une femme intrigante & perdue, a la reſſource de ſe défaire d'un mari qui l'importune ; où des parens avides font enterrer quarante ans avant leur mort, l'oncle, le frere, le pere, dont ils veulent hériter : il falloit oſer dire, que dans un tel pays l'adminiſtration eſt un ennemi, qui n'imprime le reſpect que par l'effroi.

Il falloit, ſur-tout, dire au monarque : « L'amour pour ſes maîtres eſt la premiere vertu, & la premiere paſſion de la nation aimante & ſenſible, ſur laquelle vous régnez. Vos ancêtres ſe refuſerent authentiquement au droit de prononcer des jugemens rigoureux ſur ceux de leurs ſujets qui pouvoient ſe rendre coupables de quelque crime. Ils confierent cette trop pénible tâche aux miniſtres des lois ; ils voulurent n'être que les peres d'un ſi bon peuple ; ils furent jaloux du pouvoir de faire grace ; ils prétendirent en jouir excluſivement. Cependant lorſque le magiſtrat dit au criminel : *La loi te juge coupable ; elle te condamne : je n'ai fait que la lire* ; par quelle affreuſe inconſéquence arrive-t-il que votre nom, qui n'eſt deſtiné qu'à être l'expreſſion de la clémence, vienne annoncer des tourmens éternels à un infortuné ? comment ſe peut-il que l'on puiſſe dire : *Il n'eſt pas queſtion de ſavoir ſi tu es innocent ou coupable, ſi la Loi, ſi l'équité t'abſolvent ou te proſcrivent ; reçois ces fers, deſcends dans ce cachot par ordre du roi. Déſormais tu ne vivras que de privations, que d'alarmes, que d'angoiſſes. Souffre, pleure & gémis : c'eſt la volonté du roi.* Voilà, Sire, ce qu'exprime une lettre-de-cachet : voilà de quelle maniere on peuple ces donjons, ces innombrables maiſons de force, tous ces antres de douleur, de victimes qui avoient été inſtruites à vous adorer, à vous bénir, & qui déſormais verront chaque jour leurs bourreaux les outrager, les tenailler, en prononçant votre nom, en leur diſant que telle eſt votre volonté ſuprême. « Il falloit encore oſer lui dire cette vérité terrible, parce que les vérités terribles ſont les plus importantes, parce qu'elles ſont toujours celles qu'ils n'entendent jamais. « Dans un pays où l'on foule aux pieds, avec tant de fureur, des droits ſi ſacrés, où l'on profane avec tant de ſcandale un nom ſi ſaint, il n'eſt plus de monarque, il n'eſt plus de patrie ; il n'y a que la force & la terreur ; mais la force ſouvent eſt aveugle, & la terreur touche au déſeſpoir.

Qu'il fut cruellement abuſé le premier de

de nos rois, auquel on ſurprit un ordre illégal & rigoureux ! Il frappa le coup le plus redoutable ſur la chaîne qui étreint la famille politique ; il fut le premier qui commença un divorce entre le trône & les ſujets, parce qu'il ouvrit une ſource d'inquiétudes dans le cœur des ſouverains, en les expoſant aux reproches de leurs peuples. Ainſi, en affoibliſſant les rapports de protection & de reconnoiſſance, il poſa le principe d'un ſyſtême dévaſtateur, dont l'action & les réactions conſtantes devoient étouffer la conſtitution primitive ſur laquelle il venoit attacher ces rameaux meurtriers. Un coup-d'œil ſur cette conſtitution & ſur ſes ruines portera cette vérité au dernier degré d'évidence.

Notre gouvernement n'eſt pas l'ouvrage des combinaiſons d'un légiſlateur, ni d'aucun corps légiſlatif ; il eſt uniquement la conſéquence d'un principe, qu'il ſeroit inutile de chercher ailleurs que dans l'action & dans le pouvoir du climat. Ce que l'on appelle lois fondamentales du royaume ne s'eſt trouvé écrit nulle part, aucune tradition n'en fait pas plus ſoupçonner l'origine que la cauſe.

Les anciens Gaulois, diſent les hiſtoriens Romains, étoient gouvernés par les mœurs bien plus que par les lois. Cela eſt ſi vrai, qu'ils n'eurent jamais que des coutumes. Les Francs qui s'unirent à eux[*], n'avoient que des uſages. Les Romains, que ces deux peuples chaſſerent, étoient les ſeuls qui euſſent un code. Ce code, ces uſages, ces coutumes formerent un compôt monſtrueux, que l'on ne conſulta que rarement ſous les deux premieres races, & pendant les premiers ſiecles de la troiſieme. Lorſque ſon avis étoit conforme aux mœurs, on le ſuivoit; s'il les contrediſoit, il étoit mépriſé: ce ſentiment moral fut toujours abſolu. On a vu quelquefois la religion & la légiſlation réunir tout ce qu'elles ont d'autorité, de forces & de foudres pour le limiter. Soins inutiles. Il réſiſte à tout; il eſt conſtamment viſtorieux; & ſi l'on veut obſerver en philoſophe, on reſtera perſuadé qu'il eut inceſſamment la raiſon pour lui. Les différences que l'on croit voir entre les mœurs d'un ſiecle & celles d'un autre ſiecle, ne ſont que les diverſes expreſſions du même être. Les tems de barbarie, la ſtupeur dans laquelle Rome nous a longtems captivés, l'anarchie féodale, les fureurs du fanatiſme n'ont pu l'altérer: c'eſt le principe radical qui ſe retrouve toujours dans les cendres des corps calcinés. Voilà quel fut mon légiſlateur.

Lorſque nos rois délivrerent les provinces du joug des tyrans féodaux, on ne ſongea point à invoquer ces prétendues lois fondamentales. On vit les peuples accourir avec confiance, à l'abri du ſceptre paternel, en conſervant quelques coutumes auxquelles ils étoient attachés, & qui ne contrarioient point l'intérêt collectif. Par-tout le reſpect pour les mœurs appella la raiſon, l'équité, la loi naturelle pour régler l'autorité & l'obéiſſance. Le ſouverain eut un pouvoir abſolu pour protéger & pour conſerver ; & les ſujets recouvrerent une liberté qui n'eut d'autre borne que les lois qui défendent de nuire. Pendant ce grand ouvrage, en tout lieu, en toute circonſtance, nos rois ſtipulerent pour l'humanité. Quels droits à ſa reconnoiſſance !

Un des plus grands hommes qui aient illuſtré notre patrie, a dit que le gouvernement anglois étoit le chef-d'œuvre de l'eſprit humain. Il ne manquoit à ſon éloge que d'ajouter qu'il pouvoit être durable : il ne l'a pas oſé. Qu'eſpérer en effet d'une conſtitution politique, où deux pouvoirs turbulens & jaloux ſe choquent, s'attaquent perpétuellement par tous les moyens, par toutes les armes ? Quelques momens d'énergie, lorſqu'ils ſe trouvent en équilibre & d'accord, des tempêtes fréquentes, une victoire certaine pour celui qui veut & qui

qui peut corrompre l'autre ; &, en résultat, l'autorité inquiéte d'une puissance victorieuse, à laquelle ses sujets ont appris combien il lui étoit dangereux de leur laisser une trop grande liberté.

En France, le souverain réunit tous les pouvoirs. Dans ses mains la puissance législative porte la loi à propos, à l'instant & sans contradiction ; la puissance exécutrice agit avec célérité pour protéger & pour défendre, sans craindre d'entraves ; le pouvoir de veiller à l'observance des lois, fait résider la justice suprême sur le trône, qui devient l'asyle assuré contre les erreurs de leurs tribunaux & contre les passions des juges. La réunion & la plénitude de ces pouvoirs ne peuvent rien laisser à désirer à celui qui les possède, que le bien public. Un tyran en France seroit véritablement un monstre, parce qu'il n'auroit pas un motif, pas même un prétexte pour être méchant. Le respect pour la vie, pour l'honneur, pour la liberté, pour les propriétés des sujets, est le signe & le fruit de l'étendue & de la force de la puissance. Des attentats contre l'un de ces objets ne seroient que la preuve de son affoiblissement ou de sa distraction : elle n'admet ni représentant ni partage. On ne peut porter la main sur les droits des citoyens, sans compromettre, sans offenser le souverain. Celui qui usurperoit le moindre rayon de l'autorité du monarque, porteroit l'épouvante dans le corps politique, & commenceroit sa dissolution. Ce corps est un; en quelqu'endroit qu'on l'offense, on affecte, on met en danger toutes ses parties. Enfin, son unité & sa simplicité font sa vie, sa force & sa sublimité. Si le gouvernement anglois est le chef-d'œuvre de l'esprit humain, celui-ci est assurément le plus grand des bienfaits de la bonté divine.

Un vaste empire, régi par une pareille constitution, de la configuration la plus heureuse, placé entre deux mers, sur le sol le plus riche, sous le climat le plus tempéré de la terre, habité par vingt-quatre millions d'hommes forts, vaillans, actifs, industrieux, avides de gloire, devroit être, de tous ceux qui ont paru sur le globe, le plus fortuné au dedans, & le plus formidable au dehors. S'il est foible & souffrant, c'est la preuve infaillible que sa constitution est altérée, que les principes sont négligés. Il ne faut que les rappeller : ce remede est bien facile; & c'est encore là un des plus admirables caracteres de sa perfection.

Il importe donc, par dessus tout, de chercher le vice qui est venu s'implanter dans notre conſtitution ; de porter des yeux attentifs & analytiques dans l'hiſtoire, dans les moindres fibres du gouvernement, pour découvrir les racines du polype, & pour le combattre. Après un profond examen, on le voit clairement dans le défaut d'unité & d'enſemble, & dans l'arbitraire des grandes places : vices qui ſe ſont accrus, fortifiés, propagés l'un par l'autre.

Louis XIII n'avoit pas la force de régner : il dépoſa ſon pouvoir entre les mains de monſieur le cardinal de Richelieu, qui fit de grandes choſes, parce que ſon autorité ne fut point partagée ; mais, parce qu'elle pouvoit être inquiétée, il fut cruel, il s'arma de tout l'arbitraire d'un deſpote. Les lettres-de-cachet, qu'il trouva en uſage, furent le foudre avec lequel il terraſſa ſes ennemis & fit trembler la nation. Tout pouvoir que l'ordre établi ou la nature n'ont pas donné, eſt diſpoſé à la méfiance & à la cruauté. Le miniſtere de monſieur de Richelieu fut une preuve mémorable de cette vérité ; & il conſacra, par un grand exemple, l'exercice des ordres arbitraires pour les intérêts perſonnels des dépoſitaires du pouvoir.

Le cardinal de Mazarin, plus habile que Richelieu, fit de plus grandes choſes au-dehors, parce que dans cette carriere il étoit moins contredit. Mais d'un caractere doux & débonnaire, il ne put se déterminer à ordonner la multitude des proscriptions qui eussent été nécessaires pour faire respecter dans l'intérieur une autorité abhorrée ; proscriptions, d'ailleurs, dont l'excès auroit tout perdu. Il n'employa les lettres-de-cachet que dans les dernieres extrémités, que lorsqu'il pouvoit le faire sans péril, & il ne les fit jamais tomber que sur de grandes têtes.

Louis XIV régnant lui-même, montrant par-tout aux Français la gloire, leur idole ; tranquille au sein de sa puissance, obéi avec transport au premier signe, fut trop au-dessus des basses inquiétudes pour craindre & pour persécuter. Tant qu'il eut le sentiment de sa force, s'il ordonna des châtimens arbitraires, ce ne fut que contre des hommes en place, qui doivent être les seuls citoyens exposés à une discipline prompte & sans forme ; mais lorsque le roi laissa échapper les rênes, lorsque les confesseurs & madame de Maintenon, cette femme à jamais funeste, vinrent établir leur empire sur la vieillesse & sur la foiblesse du monarque, on vit la cour agitée d'intrigues, divisée en partis, abuser des pouvoirs usurpés, souffler par-tout le mécontement & la discorde : ce fut alors que l'on vit aussi ces effrayantes, ces innombrables proscriptions, accabler à-la-fois tous les ordres de l'état.

Jusques à ces derniers momens, les lettres-de-cachet n'avoient encore frappé que des hommes puissans. Heureux si nous avions pu ne pas les voir sortir de ce cercle ! Peut-être ce régime auroit-il conduit à faire une sage application de cette maxime d'un kam des Tartares : *Je récompense les bons sujets, je chasse les médiocres, je tue les mauvais : voilà pourquoi je n'ai autour de moi que des hommes de mérite, & que mes sujets sont heureux & paisibles.* C'est au moins là le despotisme dans sa perfection.

Je ne parlerai point du gouvernement de monsieur le régent : ce fut un cahos de besoins, d'intérêts, d'intrigues, de dangers, de grandes crises, de remedes violens, où l'on n'apperçoit bien distinctement que le génie sublime qui s'agite pour séparer, pour ordonner les élémens, qui lutte sans cesse contre des tempêtes, qui du sein du désordre, jette de vastes plans, & qui ne peut avoir eu le choix des moyens.

Ainsi arrivé au ministere de monsieur le cardinal de Fleury, on voit que l'arme de l'arbitraire fut inutile & oubliée, tant que le pouvoir,

pouvoir, dans toute sa plénitude, fut retenu & exercé par le souverain lui-même, & qu'elle n'a déployé sa fureur que lorsque le monarque a confié son autorité. On voit aussi que cette alternative n'a d'autre cause que l'absence d'un systême fondamental, qui, dans une institution organisée avec le plus de force & de dignité, puisse toujours représenter le vœu, la volonté, l'équité du roi, lorsque le roi est dans un individu foible, souffrant, ou trop jeune pour avoir une volonté constante & sage, & lorsque ses devoirs viennent excéder les forces possibles à un seul homme. Ce n'est donc qu'à monsieur le cardinal de Fleury qu'a commencé le régime qui a détruit cette alternative de bien & de mal; mais celui qu'il a fait adopter, a rendu le bien rigoureusement impossible, & le mal inévitable. Il a pensé, dit & établi, qu'il falloit laisser chaque ministre maître absolu dans son département; & cet incroyable conseil a constamment été respecté. Si l'on vouloit déduire en systême l'art de faire le malheur de plusieurs générations, & d'assurer la honte & la chûte des empires, il seroit entiérement renfermé dans ce dogme. Il en résulte que chaque département fait une puissance; que la finance, les affaires étrangeres, la guerre, la marine, la maison du roi ſont autant de ſouverainetés, qui ont chacune leur deſpote; que cela forme un tableau bizarre; où les vues ſont auſſi différentes que les divers eſprits qui les ont produites; où les ordres ſont auſſi diſſemblables que les volontés; où tout ſe choque, ſe croiſe, ſe briſe, & ne forme en réſultat qu'un cachos d'incohérences, un dédale inextricable.

Avant ce monſtrueux enſemble, il eſt impoſſible que chaque adminiſtration ait ſon ſyſtême propre & ſuivi: elles offrent toutes dans leur mécaniſme particulier l'image du déſordre général. Il ne paroît point de miniſtre qui n'apporte ſes principes & ſes plans. Pour les établir, il renverſe l'édifice de ſon prédéceſſeur, & n'en laiſſe jamais ſubſiſter que les vices, parce qu'ils ſont toujours l'ouvrage des gens puiſſans. A cela près, par une impulſion ſubite, on va lui voir faire une révolution ſoudaine dans le moral & dans le mécaniſme de ſon département. C'eſt un vêtement ſans figure & ſans forme, qui prend à l'inſtant celles de l'individu que l'on vient d'en couvrir; ainſi, tout ce qui eſt au ſervice du roi, dans les différentes adminiſtrations, ſe trouve perpétuellement dans un état d'agitation, d'incertitude & d'anxiété. Heureux encore, ſi l'on n'étoit pas inceſſamment menacé, ſacrifié par toutes les préventions, les caprices & les injustices de l'arbitraire !

On conçoit aisément que, dans ce cahos, dans cette absence de toute regle & de tout principe, l'art de tromper le souverain, est la science suprême ; que l'intrigue est l'unique carriere ; que le ministre qui trop souvent lui doit son exaltation, va vivre lui-même au centre de ses agitations, être poursuivi par tous ses prestiges. Obligé d'un côté de lutter contre elle, de l'autre il en emploie tous les ressorts, parce qu'il sait que l'on n'est maintenu que par son pouvoir, que l'on est renversé que par ses efforts. Cette considération lui fait soumettre toutes ses opérations aux divers intérêts qu'il se croit dans la nécessité de respecter. Les graces, les places dont il dispose, deviennent la récompense des services qu'il a reçus & de ceux qu'il désire. Entraîné sans cesse à mille injustices en faveur des protégés de ses amis, & de tous les gens d'un grand crédit, cette fatalité établit une correspondance d'intérêts, une complicité de manœuvres qui unit toute la chaîne, tous les degrés de l'administration, & qui laisse jouir d'un pouvoir arbitraire chaque membre de cette échelle administrative. Il en résulte que la France est aujourd'hui divisée en deux classes : la partie administrante, &

la partie adminiſtrée. La premiere peut tout & oſe tout. La ſeconde craint tout & ſouffre tout. Il n'y a que celui à qui l'on connoît quelques rapports avec la cour, c'eſt-à-dire, avec l'intrigue, qui puiſſe eſpérer d'être ménagé. Depuis le miniſtre juſqu'au commis aux aides, juſqu'au dernier des recors, tout peut vexer, opprimer impunément, parce que, s'il s'éleve une plainte, elle ne peut être renvoyée qu'à des gens qui ſont intéreſſés à la rejetter.

Les grandes fautes, de grandes calamités, d'innombrables infortunes doivent naître néceſſairement d'un pareil abandon, & faire craindre des mouvemens dangereux, des clameurs inquiétantes, qu'il importe par deſſus tout de prévenir & d'étouffer. Il y a peu à appréhender du côté de la cour, où l'intrigue milite ſans relâche, où toutes les avenues qui pourroient faire arriver la vérité juſqu'au monarque ſont trop bien gardées. Si un malheureux, qui gémit ſous le poids de l'iniquité, va porter ſes réclamations au pied du trône, le ſouverain l'écoutera avec bonté; il ordonnera qu'on lui faſſe juſtice; mais auſſitôt vingt atteſtations viennent lui prouver que le ſujet, plein de confiance, qui réclame ſon équité, n'eſt qu'un ſéditieux qui mériteroit un traitement plus ſévere que celui dont il ſe plaint; &

l'infortuné qui s'eſt conſolé par les témoignages de la bienfaiſance de ſon maître, qui a élevé l'eſpérance de ſon repos ſur ſa juſtice, ne retrouve que la vengeance des hommes iniques que ſa plainte a alarmés : ainſi ſon exemple ne ſert qu'à prouver à ſes ſemblables que la reſſource dont il eſpéroit ſon ſalut, n'eſt qu'un danger de plus.

Il reſte l'opinion à enchaîner, le cri public à étouffer, écueils les plus redoutables dans un pays où les mœurs publiques ont tant d'empire. Cela néceſſite une tenſion prodigieuſe de ſurveillance, une immenſité de précautions impoſſibles à chacune des adminiſtrations établies pour d'autres ſoins. Il leur falloit à toutes un moyen, un centre commun, une adminiſtration nouvelle qui pût être la ſentinelle de toutes les autres, où leurs intérêts particuliers puſſent ſe réunir. Enfin, ce qui étoit indiſpenſable pour la gloire du monarque, le bonheur des ſujets, le ſalut de l'état ; ce que ces grands objets n'ont pu obtenir, l'harmonie, l'accord de toutes les parties, l'unité d'intention & d'action dans l'enſemble, l'intérêt perſonnel l'a créé pour lui, mais pour lui ſeul, au mépris de toutes les conſidérations de morale, d'honneur, de vertu, de bien public.

La capitale eſt le point où s'élevent les

opinions générales, d'où elles se répandent; où viennent se réunir les réclamations, les clameurs de toutes les contrées: elle devoit être nécessairement le foyer du nouveau systême. Le magistrat de la police de Paris, établi essentiellement pour veiller à la sûreté d'une aussi grande ville, étoit obligé d'entretenir un nombre considérable d'espions dans la plus basse classe du peuple; qui en se rendant en apparence complices de tous les desseins criminels, servoient à les prévenir. Par cette précaution, il parvint à connoître toutes les bandes de malfaiteurs, à les détruire, à empêcher que de nouvelles se formassent. Lorsque leurs fautes avertirent les ministres qu'ils devoient avoir des inquiétudes, ils exigerent du lieutenant de police qu'il employât ses espions à informer des opinions du public. Le ministere de la vengeance suivit celui de la délation. Bientôt l'essaim des délateurs fut innombrable. On instruisit le domestique à dénoncer son maître, l'ami à trahir son ami: on porta la corruption dans toutes les classes de la société. A mesure que la gangrene s'étendoit, les cachots s'emplissoient. Le tribunal de la police devenoit une grande administration; il se fortifioit, il prenoit son accroissement de la multitude des victimes qu'il offroit à la crainte, à l'intrigue & à la vengeance : il étendit ſon exercice dans tout le royaume, juſques dans les contrées étrangeres les plus éloignées. Le Français, effrayé de ſon ombre, attriſté par la méfiance, pourſuivi par la terreur, n'oſant parler, rire, épancher ſon cœur, perdit ſa franchiſe, ſon allégreſſe, devint triſte, méfiant, malheureux. Jamais révolution ne fut auſſi prompte, auſſi entiere dans un caractere national.

Mais ce n'étoit point aſſez de pourſuivre les penſées, les paroles, la preſſe ſur-tout qui eſt devenue la plus importante affaire de l'adminiſtration, & celle, ſans comparaiſon, qui la travaille le plus : il falloit davantage, il falloit établir les opinions particulieres & générales, contraires à celles que l'on vouloit proſcrire. Ce ſoin fut encore confié à la police. Les bouches qu'elle ſtipendie, furent chargées de colporter des anecdotes bien calomnieuſes, bien odieuſes ſur les malheureux dont la perte étoit projettée ou prononcée ; ainſi, dans le beſoin, d'un Ariſtide on fait un ſcélérat. Lorſqu'au contraire l'intrigue veut juſtifier, exalter ſon ouvrage, tous les échos répetent que le général qui s'eſt fait battre honteuſement, eſt un héros ; que le miniſtre qui a ſacrifié les plus grands intérêts de l'état à ſes vues perſonnelles, à une cabale, eſt un homme immortel. Voilà ce qui s'eſt appellé la perfection de la police, ce qui a fait des réparations célebres parmi nous. (1)

Corrompre pour gouverner, cette horrible maxime du machiavéliſme eſt donc bien véritablement devenu le principe de notre adminiſtration? Le magiſtrat de la police eſt donc eſſentiellement le miniſtre de cette affreuſe doctrine. Quel épouvantable miniſtere que celui qui détruit toute morale, qui éleve ſon autel dans une caverne de ſerpens, pour les lâcher à la voix de l'intérêt perſonnel & de la haine, pour abuſer perpétuellement un grand peuple, pour porter la ſombre méfiance, la terreur & des fers par-tout où la ſtupidité & la vengeance demandent des victimes? Qu'il eſt formidable, l'homme qui entend tous

---

(1) C'eſt conſtamment à la police que les miniſtres prennent des informations ſur tout ce qui eſt au ſervice du roi dans les différens départemens, & qui a habité pendant quelque tems la capitale. Le magiſtrat s'en rapporte à un inſpecteur; l'inſpecteur à ſes eſpions. Malheur à celui que l'information intéreſſe; s'il a déplu à quelque membre de cette hiérarchie, fût-il un homme du premier mérite, à coup ſûr on dira au miniſtre qu'il n'eſt qu'un brigand. Pour mieux le convaincre même; on mettra ſous ſes yeux des plaintes que l'on aura fait faire par un cordonnier, ou par le premier manant venu: ainſi les plus bas reſſentimens; la délation, l'infamie vont prononcer irrévocablement ſur le ſort d'un honnête homme. Voilà un roi bien ſervi, des miniſtres bien inſtruits, des ſujets bien traités.

Les

les diſcours, qui a le ſecret des familles, qui tient dans ſes mains un foudre toujours tonnant, qui commande à l'opinion ! Si dans les tems de trouble, qui virent la capitale fermer ſes portes au plus grand & au meilleur de nos rois, il eût exiſté un magiſtrat armé d'une telle puiſſance, & qu'il eût pris le parti de l'infidélité, peut-être aujourd'hui aurions-nous à pleurer ſur le ſang de Henri IV proſcrit, pourſuivi aux extrêmités de la terre par la fureur d'un tyran. Cette idée, qui paroîtra gigantesque au premier aſpect, ne ſera que ſimple & vraie pour le philoſophe habitué à ſaiſir la ſérie des cauſes qui conſomment les grandes révolutions.

On juge bien que chaque cercle d'administration ſecondaire a reçu le régime des adminiſtrations générales. Il n'eſt point en effet de commandant, & ſur-tout d'intendant dans les provinces, qui n'ait auſſi ſes eſpions & ſes lettres-de-cachet : c'eſt le même principe qui agit univerſellement.

Il eſt donc démontré maintenant que ce ſont les ordres arbitraires qui ont inſpiré cet incroyable ſyſtême, qu'ils ont été ſon unique cauſe comme ſes ſeuls inſtrumens, & qu'il ne pouvoit jamais s'élever que par eux ſur la tombe de la liberté & de la félicité de la nation. Il eſt donc vrai auſſi que c'eſt ſa magie qui a formé cette unité ſi forte pour les intérêts particuliers, & qui protege avec tant de ſuccès la ſciſſion & la diſcordance entre les moyens du bien public. C'eſt à lui que nous devons ces étranges diſtinctions entre les mots d'autorité & de juſtice dont chaque jour notre raiſon eſt étonnée ; c'eſt lui encore qui nous fait entendre à chaque inſtant de la bouche des coopérateurs du pouvoir, cet inſolent langage : *J'en rendrai compte à l'adminiſtration*, *c'eſt l'intention de l'adminiſtration*, *ce ſont les vues*, *les ordres de l'adminiſtration.* Et depuis quand, meſſieurs? En vertu de quel titre négligez-vous de nous parler au nom du roi ? Eſt-ce pour mieux nous convaincre que votre adminiſtration eſt une ariſtocratie, dont les vues ne ſont pas les ſiennes, dont les intérêts ne ſont pas les nôtres ?

Lorſque les ſauvages de la Louiſianne veulent manger le fruit d'un arbre, ils coupent l'arbre par le pied. Voilà l'image que monſieur de Monteſquieu donne du deſpotiſme. Laiſſer l'arme de l'arbitraire dans mille mains, c'eſt réunir mille deſpotiſmes enſemble, & multiplier autant ſes ravages. Employer, pour gouverner, les moyens flétriſſans de la délation & de la corruption, cela n'eſt pas couper l'arbre ; cela eſt plus, c'eſt l'empoiſonner; c'eſt donner au corps politique le germe de tous les maux; c'eſt le conduire par une maladie de langueur à des criſes mortelles.

Il eſt juſte cependant d'obſerver que le foudre de lettres-de-cachet s'eſt repoſé quelquefois après les longues & ſanglantes proſcriptions qu'occaſionnerent la foibleſſe, les intrigues, les contentions, les tracaſſeries du dernier regne: Louis XVI, en montant ſur le trône, apporta à ſon peuple l'eſpoir de tous les biens, dont la ſource eſt dans ſon cœur. Un miniſtre, digne d'être l'interprête des volontés d'un bon roi & d'un grand roi, courut d'abord au ſecours de l'humanité: il fit ouvrir les cachots, & rappella à l'exiſtence tous les malheureux, que l'induſtrie de la noire vengeance ne put dérober à ſes ſollicitudes. Mais le ſyſtême déprédateur avoit laiſſé des racines ſans nombre qu'il lui étoit impoſſible d'arracher. Ne pouvant s'accoutumer à leur influence, il diſparut avec ſes lumieres & ſa vertu. Celui qui lui ſuccéda, étoit bon, avoit un cœur pur; il déſiroit le bien; malheureuſement il ne ſavoit que le déſirer. L'arbitraire reparut ſous lui. Dans la crainte que les priſons ordinaires ne fuſſent pas ſuffiſantes, & ſous le prétexte d'en avoir de plus ſalubres; on créa de nouvelles maiſons de force dans les différens quartiers de Paris ; comme on y avoit embusqué des tripots de jeu ; & la direction de ces antres de douleur devint une grace, une récompense comme celle des banques de biribi.

Depuis quelques années, nous respirons enfin. Le ministre qui a actuellement le département des lettres-de-cachet, trop fier pour connoître de misérables inquiétudes ; trop éclairé, trop généreux pour n'avoir point horreur du mal inutile, a terrassé lui-même le monstre dont il étoit chargé de diriger les fureurs. Il a soumis la distribution des ordres du roi à des formes si sages, si rigides, qu'il est presque impossible d'en faire un usage injuste ; & il a la satisfaction de voir seconder d'aussi respectables dispositions par le lieutenant de police, magistrat qu'un cœur plein de bonté & de sensibilité a toujours conduit vers l'équité, la bienfaisance & à l'estime publique (1).

---

(1) Dans tout ce que j'ai dit de la police de Paris, je supplie que l'on ne croie pas que j'aie voulu confondre les personnes avec la chose. Il y a dans cette administration des hommes d'un mérite infini ; j'ai eu l'occasion, dans différentes affaires, d'en connoître trois. M. Cauchy, secrétaire général, M. le Houx, inspecteur chargé de la sûreté de Paris, M. Henri, inspecteur de la librairie. M. Cauchy a eu de la célébrité au barreau de Rouen, dans un âge où les autres avocats ont à peine achevé leurs

Mais hélas! le monſtre n'eſt qu'enchaîné ; ſon repos n'eſt que le ſommeil du tigre : une main ſiniſtre peut venir le réveiller encore. Pourquoi ne pas le proſcrire ? On a vu de quels maux il eſt la ſource ; on ſait combien il compromet l'honneur, l'équité & les intérêts du roi, combien il eſt funeſte à ſes ſujets ; qu'il n'eſt que le moyen de l'intrigue, des paſſions, des haines, des vengeances. De quel bien le croiroit-on capable, qui puiſſe balancer ces déſaſtres ?

On dit que les lois ont une marche trop lente, que leurs formes ſont incertaines. Quoi! le ſouverain poſſede la puiſſance légiſlative dans toute ſa plénitude, & les lois ſont impuiſſantes ! Ah ! la premiere de toutes ces lois, c'eſt celle qu'il s'impoſe à lui-même, par le ſerment qu'il fait à ſon ſacre, de défendre l'honneur, la liberté,

---

études. Chez lui, les plus grands talens ſont ſoumis aux principes les plus purs & les plus nobles. Le nom de M. le Houx eſt l'épouvantail des voleurs : les ſervices qu'il a rendu à la ſûreté, ſont ſans nombre, & il eſt bien impoſſible d'être plus honnête homme.

L'honnêteté & les lumieres de M. Henri, le mettent en poſſeſſion de toute l'eſtime des gens honnêtes, & j'ai eu l'occaſion de me convaincre combien il l'a mérité. On nomme encore pluſieurs autres chefs de bureaux de la police, comme des gens très-eſtimables. Une des choſes qui fait le plus d'honneur aux préjugés qui gouvernent une nation, eſt de voir exercer la bienfaiſance dans des places qui ne ſont créées que pour le mal.

la fortune, la vie de ses sujets! On parle aussi de l'honneur des familles que nos préjugés couvrent de l'opprobre que notre jurisprudence verse sur le criminel! Hé bien! que mille familles soient flétries & que l'empire soit sauvé : que la nation respire, qu'elle soit libre, heureuse & paisible ; qu'elle jouisse de tous les biens que la loi naturelle lui promet, & que les lois positives veulent lui garantir! D'ailleurs, seroit-il sage de chercher à le détruire ce préjugé ? Que chaque citoyen, renfermé dans sa sphere d'existence, en soit effrayé ; on n'en doit pas être surpris : plus il jettera d'effroi, plus il sera salutaire. Mais que des hommes d'état ne voient pas que ce préjugé est la plus sublime oppression des mœurs nationales ; qu'il veille à l'éducation ; qu'il donne à l'état vingt garans pour chaque citoyen du respect des lois, qu'il assure les mœurs publiques par son pouvoir sur les mœurs particulieres : voilà ce qui doit étonner. Une des causes qui ont le plus contribué à la dépravation de ce siecle, sur-tout dans la capitale, est, il n'en faut pas douter, la facilité que les parens ont à se soustraire à la justice des hommes corrompus (1). Au

(1) Feu M. le Dauphin disoit que l'unique moyen de rappeller dans ce pays-ci la pureté des mœurs, & l'amour de tous les devoirs, étoit de ne soustraire personne à la

ſurplus, dans un cas extraordinaire, le roi n'a-t-il pas toujours le droit d'abolir les procédures, de commuer les peines ou de faire grace ? Le cercle étroit dans lequel monſieur le baron de Breteuil a reſſerré le cas des lettres-de-cachet, eſt donc encore trop étendu ; & de ce cercle menaçant l'on doit toujours appréhender qu'il ne ſorte après lui le fléau le plus redoutable.

Que le roi puiſſe s'aſſurer au beſoin de la perſonne d'un général, d'un miniſtre, d'un dépoſitaire d'une portion d'autorité, d'un comptable, enfin, d'un membre d'adminiſtration quelconque, c'eſt une choſe purement de diſcipline, qui eſt juſte & néceſſaire. Mais que cette claſſe qui, ſeule doit être ſoumiſe à une autorité prompte & ſans forme, ſoit préciſément celle qui l'exerce au gré de ſes moindres fantaiſies, qu'elle ne l'ait enfantée, qu'elle ne la retienne que pour ſes ſeuls intérêts, pour en accabler le citoyen paiſible & ſans ambition. Voilà le dernier degré de la ſubverſion de tous les principes ; & on ne peut aſſez le réduire, le vice qui ſépare le

---

juſtice. Que quant à la rigueur des préjugés, un roi aimé de la nation étoit toujours le maître de l'adoucir, & que pour cela il n'avoit qu'à témoigner lui même, de la maniere la plus publique, ſon intérêt & ſon eſtime pour les parens du coupable.

ſouverain des ſujets, le plus grand de tous les maux en politique; qui a élevé, fortifié, défendu ce chaos d'une adminiſtration à-la-fois incohérente & arbitraire; qui offre perpétuellement le ſpectacle inoui d'une autorité ennemie de la juſtice; qui enſeigne le mépris des lois, ſigne certain de la décadence des empires; qui répand toutes les calamités, & préſage toutes les cataſtrophes.

Miniſtres arbitraires, vous n'êtes que des hommes, & vous êtes conſtamment placés entre l'occaſion & la tentation; votre pouvoir n'eſt ni aſſez affermi ni aſſez ſaint pour vous élever au deſſus des petites paſſions qui agitent le cœur des vulgaires mortels; il eſt trop fugitif pour que vous ne ſuccombiez pas au deſir d'en jouir avec excès. Ouvrez l'hiſtoire des hommes, vous verrez que c'eſt votre ambition qui a conduit tous les empires à leur ruine; que ce ſont vos ſeuls intérêts qui ont affligé, qui ont bouleverſé le globe ſans relâche. Renoncez enfin au triſte privilége d'en être les déſolateurs; rejettez de vos mains l'arme de l'arbitraire qui ne fit jamais un ſeul bien, qui toujours fut ſanguinaire. Allez au pied du trône reconnoître ces importantes vérités: demandez des ſauvegardes contre les ſéductions qui vous pourſuivent;

ſuivent; obtenez des liens qui vous garantiſſent de vos propres foibleſſes, & votre mémoire vivra auſſi long-tems que la terre ſera habitée.

Voilà, monſieur, les réflexions dans leſquelles m'a jetté la lecture de l'hiſtoire du malheureux Latude. Ces réflexions ſont peut-être plus hardies que bien enchaînées; mais elles ſont vraies, &, par cette raiſon, je les publierai, duſſé-je être englouti par la Baſtille: une vérité utile vaut toujours mieux que celui qui la dit. Mais en donnant ce croquis au public, & en vous l'adreſſant, je lui rappelle que vous lui avez annoncé un ouvrage ſur la légiſlation, & je vous obſerve que par cela vous avez contracté avec lui un engagement, que votre double qualité d'homme d'honneur & de bon citoyen, ne vous laiſſe pas la liberté d'éluder.

Sans doute que vous ſentiriez comme moi, combien il importe de détruire un chaos de volontés perſonnelles ſi diſcordantes, & de ramener toutes les portions éparſes de l'autorité dans la perſonne du roi, environné d'une inſtitution aſſez dignement organiſée pour porter en tout & par-tout ſon vœu & ſes volontés. Il vous ſera facile de démontrer qu'il n'y a point de proſpérité & de ſalut à eſpérer ſans cette harmonie, & ſans la deſtruction de tous les vices qui l'éloignent. Ce que je n'ai pas même indiqué, vous le direz; vous jugerez à notre conſtitution ce que doit être l'inſtitution reſtauratrice, ſi les conſeils de département que l'on déſire conviennent; ou ſi un corps de cenſure, élevé immédiatement après le trône, ſeroit préférable. Vous porterez ſûrement au dernier degré d'évidence cette vérité, que ſi notre gouvernement eſt céleſte, notre adminiſtration eſt deſtructive qu'autant il importe de ſauver l'un, autant il eſt inſtant d'anéantir l'autre.

Vous avez été donné à votre patrie, monſieur, dans des circonſtances qui ſont à la fois bien preſſantes & bien favorables. D'un côté un déſordre, une pénurie extrême, & point de ſyſtême arrêté; de l'autre, un monarque, le meilleur citoyen de ſon royaume, voulant avec paſſion la gloire de ſon empire, le bonheur de ſes peuples, & entouré de miniſtres cités dans tous les tems pour des hommes pleins d'honneur, de zele, de droiture & de patriotiſme, connoiſſant tout le ſyſtême dans lequel ils vivent, & déplorant chaque jour les obſtacles qu'ils rencontrent pour faire le bien.

Il faut, monſieur, parcourir bien des

ſiecles avant de trouver un moment qui préſente toutes ces reſſources. Si votre inſouciance pour la renommée pouvoit vous ralentir dans la carriere où vous vous êtes engagé, n'écoutez que votre ame : elle eſt deſtinée à répandre le bonheur. Je ne vous parle point de génie, de connoiſſances, de lumieres, de talens, parce que je ne connois point les bornes de ce que la nature vous en a donné.

J'ai l'honneur d'être avec tout le reſpect que vous inſpirez, monſieur, votre très-humble & très-obéiſſant ſerviteur,

Le marquis de Beaupoil Saint-Aulaire.

www.ingramcontent.com/pod-product-compliance
Ingram Content Group UK Ltd.
Pitfield, Milton Keynes, MK11 3LW, UK
UKHW021052260726
13994UKWH00002B/515